근본 없는 월드 클래스

KB064098

안전가옥 쇼-트 09

류연웅 경장편

1부 근본론 · 8p
2부 근절론 · 90p
3부 뇌절론 · 128p

작가의 말 · 170p
복선 회수 목록 · 174p
프로듀서의 말 · 176p

- 과목 설명

본 과목은 미디어콘텐츠학과의 핵심 역량인 영상 구성을 기반으로 스토리텔링 기획 능력을 활용하여 보다 전문적인 문화 콘텐츠 기획을 실습하는 것에 목표를 두고 있습니다.

- 학습 목표

수강생들은 팀을 형성하여 한 학기 동안 30분 내외의 인물 다큐멘터리를 제작합니다.

[미디어 제작 실습] 강의계획서

수업 일정		
주	강사명	수업 주제 및 내용 / 학습 과제
1	김기립	오리엔테이션 및 팀 나누기
2	김기립	다큐멘터리 선정 인물 발표회/ 팀 과제(A4 세 장 내외 기획서)
3	김기립	유튜브 콘텐츠 분석
4	김기립	TV 콘텐츠 분석
5	김기립	라디오 콘텐츠 분석/ 팀 과제 (촬영 진행 상황 보고)
6	김기립	팟캐스트 콘텐츠 분석
7	김기립	팀별 인물 다큐멘터리 상영회/ 팀 과제(다큐멘터리 가완성본 제출)
8	김기립	중간고사(수업 및 시험 없음)
9	김기립	조별 발표 및 피드백
10	김기립	조별 발표 및 피드백
11	김기립	조별 발표 및 피드백
12	김기립	조별 발표 및 피드백
13	김기립	조별 발표 및 피드백
14	김기립	조별 발표 및 피드백
15	김기립	수업 마무리 및 종강 파티/ 팀 과제 (다큐멘터리 최종 완성본 제출)
16	김기립	기말고사(수업 및 시험 없음)

1부 근본론

1부 근본론

1주 차(수업 시간)

혼란대학교. [미디어 제작 실습] 오리엔테이션.

"친구가 없는 고학번들은 걱정하지 마시게. 비는
조에 배정해 주겠네."

2주 차(수업 시간)

다시 15쪽으로 돌아가십시오.

단톡방을 만들고 메시지를 보낸다.

– 안녕하세요, 후배님들. [미디어 제작 실습] 팀장 맡은 과제 헌터 한채연입니다. 새마을금고 9002 1460 6207 2로 인당 50만 원씩 입금하시면 제가 다음 수업 과제인 기획서부터 기말 영상까지 다 만들겠습니다. 혹시라도 A 학점을 못 받으면 200배[1]로 환불해 드립니다.

– 어떻게 믿죠?
– 저는 과제 헌터이니까요.
– 어떻게 확신하죠?
– 이미 전부 다 해 놨으니까요.
– 입금 완료.

그리고 입금된 300만 원을 확인한다. 개꿀이죠.

———

1 복선입니다. 기억하세요.

왜냐하면 미디어 제작 실습은 한 학기 동안 조별로 인물 다큐멘터리를 제작하는 수업인데, 나는 고등학생 때 취미로 무려 60분짜리 하윤주 다큐멘터리 만든 적 있죠. 재탕하면 그만이죠.

물론 이쯤에서 누군가 의문을 제기할지 모른다. 너 그러다가 B 받으면 어쩔 거냐고. 그런데 여러분. 아시다시피 대학교 성적은 학기 끝나고 나오죠. 그리고 저 이번 학기가 막학기죠. 하하. 하하하죠.

며칠 뒤 [미디어 제작 실습] 수업 시간

"조별로 보내 준 기획서 잘 봤다네."

교수님이 말한다.

"특히나 아주 흥미 돋는 인물도 하나 있었다네."

보나마나 우리 조의 기획서 얘기겠지. 사실상 나 혼자 다 썼지만, 받은 돈이 있으니 우리의 것이라고 해도 넘어가 줄 수 있다.

그러나 이윽고, 도저히 넘어가 줄 수 없는 한 마디가 교수님의 입에서 나왔다.

"이번 학기부터는, 수업 방식을 다르게 해 보려 한다네. 다른 조가 제출한 기획서로 다큐멘터리를 제작하는 것이네. 자, 이번 시간엔 추첨을 할 거라네."

"무슨 소리세요, 교수님."

1부 근본론

원래 수업 시간 때 한 마디도 하지 않는 나이지만….

"할 말 있으면, 손을 들라고 내 1주 차 때 분명 얘기했네."

"Pink조 한채연입니다. 작년에는 이렇게 안 했다고 선배들한테 들었는데…"

"올해부터 이렇게 하기로 했다네."

당황해서 구차하게 따지고 말았다. 추첨은 공정하게 제비뽑기로 진행한다는 교수님의 말에, 어째서 제비뽑기가 공정한 것인지 문제 제기했다. 모두에게 불공정한 제도라고.

"모두에게 불공정하기에 모두에게 공정하다네."

"예?"

"자, 조장들 앞으로 나오게."

결국 제비뽑기는 진행됐다. 내가 할 수 있는 거라곤 정신을 집중해서 하윤주가 적힌 쪽지를 뽑는 일밖에 없었다. 첫 번째로 나선 Blue조는 김정은을 뽑았다. 두 번째 순서로 나온 Red조는 강형욱을 뽑았다. 세 번째 순서로 나선 White조는 이재용을 뽑았다. 다음이 우리 조의 차례였다. 조장인 내가 플라스틱 통에 손을 넣었다. 확률은 4분의 1. 제발 하윤주… 하윤주…

[김덕배]

아니 시… 진심으로 누구세요.

"오오. 내가 흥미롭게 본 인물은 Pink조의 차지가 되었구만."

나는 처음 들어 보는 이름인데, 교수님은 싱글벙글 웃었다. 이건 무효다. 그래도 과제인데, 모두가 아는 유명인을 주제로 삼아야지. 하윤주처럼 연예인이거나, 김정은처럼 정치인이거나. 이러한 말들로 다시 한번 이의를 제기하는데, 등 뒤에서 조원들의 속삭임이 들려왔다.

"김덕배도 모르시다니…."

"우리 A 못 받겠당…."

과제는 하지도 않을 거면서 초를 치다니. 내가 미처 그들을 째려보기도 전에, 교수님이 다가왔다. 그리고 설명했다.

"김덕배. 그는 근본 없는 월드 클래스였다네."

"… 근본?"

"다큐멘터리 기대하겠네. 수고하게, 학부생!"

그날 저녁 우리 집

나무위키에서 검색해 보니, 김덕배는 전직 축구 선수였다.

2030 월드컵 아시아 최종 예선. 위기를 맞이했던 대한민국 대표 팀에 혜성같이 등장했던 김덕배.

교체 투입된 일본전에서 본인의 데뷔 골이자 결승 골을 넣은 그는 월드 클래스급 선수가 될 잠재력

1부 근본론

을 보여 주었다.

허나 재능은 있어도 근본은 없었던 김덕배는, 그로부터 1년도 안 돼서 은퇴한 뒤 자취를 감추는데….

그 밑의 설명들은 읽지 않았다. 어차피 읽어도 의미를 모른다. 축구를 본 적도 없을뿐더러, 나는 애초에 그딴 사회악²에는 관심이 없다.

이제 억지로 관심 가져야 하는 상황이지만.

그래도 그렇지 뭐가 뭔지를 알아야 관심을 가지지. 아무것도 모르는 나는 단톡 방에 들어가서 메시지를 입력했다. 환불해 줄 테니까 계약 없던 일로 하자고. 그 결과 이딴 답이 돌아왔다.

- 싫어요.
- 과제 헌터가 이 정도도 사냥 못 하는 겁니꽈?

모든 조원이 계약 파기는 안 된다고 대꾸했다. 나더러 A 성적을 받아 오거나, 약속한 금액대로 환불해 달라고 요구했다. 과제 헌터에서 인간 헌터로 전직하고 싶을 만큼 탐욕스러운 휴먼들이었다. 고작 50만 원의 두 배, 100만 원 갖고 이러는 거야?

- 두 배라니요. 200배죠.
- 뭔 소리야. 두 배인데.
- 200배라고 하셨어요. 못 믿겠으면 이 책의 10쪽을 다시 보고 오세요.

─────────

2 복선입니다. 기억하세요.

10쪽을 다시 보고 올 독자분들을 위한 팀

그럼 100만 원이 아니라… 1억 원인 거야? 돈 낸 조원이 여섯이니까 다 합치면 6억 원이잖아. 그 돈 마련하려면 장기 팔거나 보험 들고 죽어야 한다. 할복하긴 싫었기에 나는 정상참작을 부탁했다.

2를 200으로 오타 낸 거라고. 내 휴대폰 갤럭시 폴더라고.

그러나 이득을 앞에 둔 인간들에게 이해심이란 없었다. 심지어 조원들 중 한 명은 법학과 복수 전공을 통해 증거 확보의 생활화[3]를 배웠기에 내가 저번 수업 시간에 자진해서 조장 하겠다고 말한 걸 녹음해 뒀단다. 그럴 시간에 알바나 할 것이지. … 알바를 못 해서 저러는 건가. 새삼 청년 실업이 얼마나 심각한 사회문제인지 실감 났다.

- 덕분에 학자금 대출 다 갚겠습니다. 감사합니다, 선배님.
- 덕분에 다음 학기에는 자취하겠습니다. 감사합니다, 선배님.
- 아니에요. A 받을 수 있어요. 함께 노력해 봐요.

갑자기 단톡 방에는 말이 없어졌다. 민망해진 나는 카카오프렌즈 튜브 이모티콘과 함께 메시지를 한 통 더 보냈다.

———

3 복선입니다. 기억하세요.

1부 근본론

- 도와줄 생각… 없는 거죠?^^*
- 넵!!!

그리하여 알래스카에서 김상덕 씨 찾기보다 더 숨 가쁜… 한반도에서 김덕배 씨 찾기가 시작된 것이다.

과제 헌터로서 말하건대, 과제란 창작물이 아니다. 외주 작업물에 가깝지. 철저히 교수님 취향에 맞춰 제작한단 소리다. 그러니 나의 목적은 오로지 카메라에 김덕배 담기였다. 성공한다면 A 학점은 우리 조의, 아니 내 차지가 될 것이다.

그 미래를 위해 나는 휴대폰을 들었다. 마치 전화번호 찾을 때 114에 전화하듯, 전직 축구 선수를 찾기 위해 한국 축구 협회에 전화했다. 그런데 없는 번호라는 음성 안내만 들려왔다.

인터넷으로 검색해 보니 한국 축구 협회는 10년 전에 해체된 상태였다.

하긴 당연한 일이다. 2040년 현재 축구는 가정 폭력, 성폭력, 불량 식품, 학교 폭력과 함께 정부가 선정한 5대 사회악 중 하나이니까. 그래서 농구, 야구 등과 달리 국가 대표 팀이 없고, 대한민국 단위로 국제 대회에 출전하지도 않는다. K리그도 폐지된 지 오래다.

그렇다면 축구인들은 모두 어디로 갔을까. 김덕배의 행방은 어디서 찾아야 할까. 나의 추리력으로는 처리할 수 없는 일이어서 결국 114에 전화를 걸었다.

"혹시 전직 축구 선수 김덕배의 번호도 알려 주나요?"

'축구'라는 단어만 듣고 상대방이 전화를 끊어 버리지 않을까 걱정했는데, 수화기 너머의 상담원은 오히려 들뜬 듯이 말했다.

"헐. 걔 내가 뽑았는데."

"네?"

"내가 걔 뽑았던 전직 한국 축구 대표 팀 감 감독이라고."

1부 근본론

⊙: 상대방
M: Me(나)

———

3주 차(인터뷰)

전직 한국 축구 대표 팀 감독, 현직 '114 전화번호 안내 센터' 시니어 인턴 감민식 씨.

⊙ 내가 굳이 만나자고 한 건, 일단 여학생이 축구 다큐멘터리 찍는다니까 궁금했고. 2030 월드컵 때 내가 감독이었잖아. 지금은 비록 사무실에서 전화나 받지만… 한때는 나도 잘나가는 축구 감독이었다고.

근데 지금 이 꼴이 뭐니. 이제 대한민국에서 축구하는 건 불법이잖아. 그러다 보니 취직할 때 축구 활동은 경력으로 쓸 수도 없어. 결국 시니어 인턴으로 10년째 여기 있다. 얼마나 쪽팔린 줄 아냐? 하… 진짜 정치인들 참 문제 많고. 기본 소득 금액을 올릴 게 아니라 취업난을 해결해야지. 태양인도 아닌데 몸에 열나고.

M 정치 얘기 말고… 그냥 김덕배 전화번호만 알려 주시면 안 될까요.

◉ 쓰…읍…. 그래. 미래 얘기해 봤자 뭐 하겠냐. 과거 얘기나 해야지.

자, 그래서 시작해 보면… 2030 월드컵이 10년 전이지? 그때 나는 갓 취임한 대표 팀 감독이었어. 나를 믿어 준 축구 팬들 및 한국 축구 협회 회장님께 보답하기 위해 취임식에서 포부 넘치는 인터뷰를 했지.

"저는 대한민국을 월드컵 우승으로 이끌 겁니다."

당연한 거야. 축구의 근본은 승리인데. 무조건 다 이길 생각을 해야지. 이기지 못하는 경기는 의미가 없어. 너 2002년에 우리나라가 4강 갈 줄 알았어? 나도 몰랐어. 모두가 의심해도 히딩크 감독은 마룻바닥에 누워서 인터뷰할[4] 정도로 패기를 잃지 않았잖아. 그게 감독의 역할이야. 그래서 나도 똑같이 행동했단 말이야.

비록 곧바로 이어진 월드컵 아시아 최종 예선에서 이란한테 2 대 0으로 지고, 중국한테 5 대 0으로 졌어도… 나는 계속 인터뷰에서 대한민국 목표는 월드컵 우승이라고 말했어. 기억하지?

---

4 *가짜입니다. 검색하지 마세요.*

M 전 축구 몰라요….

⊙ 마지막 경기 일본전이 남아 있었을 거야. 만약
거기서 지면… 아니, 못 이기면 월드컵 탈락이
었고, 그래서 인터넷에 욕이… 계속 증식했지.

- 월드컵 우승한다고 입 털다가 월드컵 못 나가
게 생겼네.

근데 나는 감독으로서 억울했던 게, 축구 팬들
이 이란은 몰라도 중국은 당연히 이겼어야 한다
고 말했는데, 그때 중국은 과거랑 수준이 달랐
거든. 걔네들 군단 보면 다 귀화한 애들이야. 5
대 0으로 진 게 그래서야. 골 넣은 애들 보면 다
귀화한 애들이라고.

내가 하도 답답해 가지고, 축구 협회 찾아가서
이제는 글로벌 시대다. K리그 용병 중의 에이
스들 귀화시키자고 제안을 했어. 이기기 위해서
쓸 수 있는 수단은 다 써 버리자고.

그러니까 회장님이 이래.

"국민들이 나나 자네 욕하면 어쩌려고 그러오."
"이미 욕하고 있습니다."
"음, 그렇소?"

곧바로 K리그 최고 용병 모리슨을 전화로 불렀
지. 성도 모 씨니까 바로 귀화만 하면 되잖아?
근데 얘가 튕겨. 자기가 대한민국으로 귀화해서
얻을 게 없대. 그래서 나는 미리… 전날에 문화

체육관광부 장관님 만나서 쇼부 본 내용을 보여 줬어.

[모리슨 선수가 한국으로 귀화할 시]

여수 엑스포 공원 평생 무료 이용권 지급

서울랜드 평생 무료입장 가능(코끼리 열차는 별도)

평생 지리산 케이블카 50% 할인(동반 4인까지)

한국체육대학교 체육학 명예박사 학위 수여

시흥 지역 아파트 청약 자격 우선권 부여

국가 대표 축구 경기 도중 사망 시 서울 현충원 안장

은퇴 후 〈류 퀴즈 온 더 블록〉[5] 게스트 초청(부끄러울 시 거절 가능)

수능 영어 시험 지문에 나오는 이름으로 Morrison 반드시 사용

"Wow… Ryu Quiz…."

애가 막 고민하는 게 티가 나고. 아, 어쩌지… 하고 갈등하는 게 보여. 나는 때를 놓치지 않고 피를로를 대하는 박지성처럼 존… 쫀쫀하게 압박했어.

"자, 3초 준다. 네가 싫다 하면 바로 딴 애들한테 갈 거야."

"Oh, God…."

"3."

---

5   복선입니다. 기억하세요.

"Oh, Jesus….."

"2."

"Oh, Sakyamuni….."

"1."

"귀화하겠습니다!"

"뭐야. 너 한국말 어떻게 해."

"간절히 원했더니 저절로 한국말이 나왔습니다!"

이게 축구야. 간절히 원하면 안 될 게 없다고. 곧바로 진행시켰지. 본래 귀화를 위해서는 '사회 통합 프로그램 종합 평가'를 거쳐야 하지만, 모리슨의 경우는 특별 귀화인 만큼 기초적인 필기 시험만 합격하면 됐어. 내가 시원하게 사비로 시원스쿨 2주 자격증반까지 끊어 줬지.

모든 준비가 완벽했어. 모리슨만 있으면, 내가 구현하고 싶었던 윙에 윙 전술도 꿈이 아니었지. 내가 그 전술로 잉글랜드 프리미어 리그에서도 우승하고, 스페인 라 리가에서도 우승했어. 물론 〈풋볼 매니저〉 게임에서. 아무튼 다 잘 될 일만 남았지.

그런데 모리슨 이 노란 머리가… 필기 시험에서 떨어진 거야! 20점짜리 받아쓰기 문제에서 '왜 안 돼'를 '외않되'라고 썼어. 맞춤법을 틀린 거야. 너무 흥분되고 그래서 전화를 걸었지.

"야, 이놈아. 너 그걸 떨어지냐, 하…. 시원스쿨

숙제 안 했어?"

"Sorry, 무쓴 말인지 모르겠어요."

"못 알아듣는 척하지 말고…. 시원스쿨 home-
work 했냐고, 안 했냐고!"

"그러게 내가 에듀윌이 더 좋아 보인다고 말했
자나여…!"

그렇게 모리슨 영입이 불발되고… 한국 애들은
뽑을 애들 다 뽑아서 딱히 새롭게 뽑을 선수가
없고…. 나는 다시 싸늘한 여론 속에 홀로 남겨
졌지.

내가 선발하는 선수들이 내가 티 팬티 입은 사진
갖고 있다는 루머와… 이제부터 국가 대표 감독
〈프로듀스 101〉식으로 뽑자는 개소리들이 퍼졌
고… 심지어 청와대 국민 청원까지 올라왔어.

[감 감독을 경질해 주세요.]

하루에 대략 3만 4555개씩 올라가는 청원 동의
자 수를 보면서 어렸던… 뭐 그래 봐야 40대였
지만 아무튼 지금보다는 어렸던 나는 상처를 받
았어. 경질당하면 어쩌지, 경질당하면 어쩌지.
마음을 졸이고 있었는데 갑자기 머릿속에 이런
생각이 스쳐.

경질당하면 외않되?

경질당하고 위약금 받아서 이민 가면 되잖아.
발상의 전환 엄청났고. … 음. 채연이 눈빛 너무

1부 근본론

싸늘하고. 내가 한심하니?

M 제가 표정을 잘 못 숨겨서… 죄송하네요.

⊙ 아무튼 그때는 그렇게 생각했다, 이거야. 축구
에서 승리하지 못할 거라면… 인생에서라도 승
리하자. 돈 많으면 다 이긴다. 후딱 말아먹고 위
약금 꿀 빨자. 때마침 나를 경질하라는 청와대
청원 동의자 수가 50만 명이나 돼서, 결국 한국
축구 협회 회장님이 인터뷰를 했어.

"여러분. 회장이 경질하고 싶다고 해도 감독을
마음대로 경질할 수는 없습니다. 감 감독의 계
약 기간은 2년이나 남았고 도중에 경질하면 위
약금이 10억입니다, 10억. 국민 여러분이 그 금
액을 크라우드 펀딩으로 모금해 준다면 몰라도
지금으로서 경질은 안 하는 게 아니라 못 하는
겁니다."

그러니까 어떤 미친놈이 크라우드 펀딩을 열긴
열더라. 텀블벅에 '감 감독 경질'이라고 치면 지
금도 뜰 거야. 결론만 말하자면, 펀딩으로 10억
은 무슨. 100만 원도 안 모였어.

그렇게 나는 경질되지 않은 채로 계속 일했어.
다음 경기인 일본전을 위해 누구를 선발할지를
살펴야 했지. 뭐라고 비유할까…. 기획사 PD처
럼, 누구를 캐스팅할지 살피는 거지. 고등학교

에도 가 보고. K리그 경기도 보고. 근데… 삔또가 상해서 솔직히 가기 싫더라고. 나 자르라고 펀딩하고 그러는데 누가 일하고 싶어.

그래서 대충 인터넷 들어가서, 적당히 욕 안 먹게… 네이버나 유튜브 댓글 봤어.

- 솔직히 ○○○은 뽑아야지.

이런 베스트 댓글들 보면서….

M **그대로 뽑았다고요?**

⊙ 그대로까지는 아니고, 참조 정도 한 거지. … 아무튼 인터넷을 살폈는데, 나랑 한국 축구 협회 회장님이랑 둘이 손잡고 꺼지라는 댓글 사이에 이런 댓글이 존재하는 거야.

- 니들 이따구로 할 거면 차라리 불곡고등학교 3학년 1반 김덕배 뽑아라.

그 댓글은 '국민거품 한국축구'라는 닉네임의… 꽤나 유명한 악플러가 단 댓글이었고, 그래서 처음에는 그냥 개소리했구나 싶었어. 그런데 갈수록… 댓글 창 곳곳에 똑같은 댓글이 도배되는 거야. 국민거품 한국축구뿐만 아니라 딴 애들도 난리 치는 거야.

- 니들 이따구로 할 거면 차라리 불곡고등학교

1부 근본론

3학년 1반 김덕배 뽑아라.

- 니들 저따구로 할 거면 차라리 불곡고등학교 3학년 1반 김덕배 뽑아라.

- 니들 염따구로 할 거면 차라리 불곡고등학교 3학년 1반 김덕배 뽑아라.

- 니들 뽕따구로 할 거면…

아니. 김덕배가 도대체 누구인데. 얼마나 실력 자이기에 모두가 알아…는 무슨. 나도 알고 있었어. 이건 그냥 의미 없는 밈이란 걸. 하지만 어차피 한국 축구는 망했기에 망할 때까지 망해 보라는 마음으로 회장님한테 김덕배를 뽑자고….

M **뽑았다고요?**

⊙ 어, 뽑았어.

M **그런 식으로 막 뽑아도 돼요?**

⊙ 국가 대표 명단을 발표했을 때, 네티즌들도 너처럼 벙쪘어. 그게 좋았지. 자식들. 맨날 이래도 지랄, 저래도 지랄인데. 이제 니들이 시키는 대로 해 줬다. 어디 잘되나 보자.

마침내 불곡고등학교 3학년 1반 김덕배가 국가 대표 트레이닝 센터에 도착했고, 수많은 기자가 그를 둘러쌌지.

"미스터리 선수 김덕배 씨! 지금 소감이 어떤가요!"

"미스터리 선수 김덕배 씨! 감 감독과 사촌이라는 루머가 사실인가요?"

잔뜩 겁먹은 채로 훈련장에 들어오는 김덕배는 평범한 고등학생 그 자체였어. 소심했고, 주눅 들어 있었지. 역시나. 훈련장에서 축구를 시켜보는데, 아예 공을 찰 줄을 몰라. 5분 뛰고서 헛구역질을 해. 다른 선수들은 그런 김덕배를 보며 한숨 푹푹 쉬었지.

며칠 뒤 일본전

상암 월드컵 경기장에서 열린 월드컵 아시아 최종 예선 경기. 전반전은 0 대 0으로 끝났어. 워낙 최악의 경기를 펼친 직후라 라커룸으로 돌아온 선수들은 내 눈치를 보더군. 근데 나야 뭐, 져도 상관없으니까.

오히려 한국 축구 협회 회장님이 제일 난리를 쳤지.

"자네들! 월드컵 본선 못 가면 경제적 손실이 얼마인 줄 아나!"

나는 파워에이드 빨면서 쉬었지. 그런데 누가 등을 툭툭 건드려. 돌아보니 김덕배야.

"감독님…. 저 투입하실 건 아니죠?"

1부 근본론

"후반전 추가 시간에 투입할 테니까 그렇게 알고 있어라."

그건 내 작전이었어. 설령 경기에서 패배하거나 비겨서 월드컵 못 간다고 해도 김덕배를 막판에 내보내면 김덕배의 실력은 들통 안 나고, 나는 네티즌들의 요구를 들어준 민주적인 감독으로서 살생부 명단에서 빠지게 될 거라고 봤지.

그런데 후반전이 시작되자마자…

"김덕배 투입해!"

관중들이 김덕배를 연호하더군. 목소리들이 살벌해. 김덕배를 보고 싶은 마음보다… 지금 뛰고 있는 선수들을 보기 싫은 마음이 내뿜는 살기였지. 혹시나 이 상태에서 골 먹히면 관중들이 난입해서 나부터 죽일까 봐… 나는 서둘러 김덕배 투입 준비를 시켰어.

"감독님…. 저는 진짜 안 뛰고 싶습니다…."
"허허. 무슨 소리냐. 관중들이 너를 원하는데."
"저는 아홉 살 때 이후로 축구를 해 본 적이 한 번도 없습니다…."
"닥치고 투입."

그리고 알다시피… 김덕배가 헤딩으로 결승 골을 넣었지. 후반전 88분이었을 거야. 그때까지 단 한 번도 볼 터치를 하지 못했던 김덕배는… 자신에게 날아온 기회를 놓치지 않았지. 아직도 그 순간의 전율을 잊지 못해.

'김덕배 이 자식…. 실력이 없는 게 아니라 겸손한 거였어?'

녀석의 골로 대한민국이 2030 월드컵 본선에 진출하게 됐고,

[속보] 감 감독 재평가

살고자 하면 죽고, 죽고자 하면 산다는 게 바로 이런 것인가….

깨달음을 얻은 나는 마음을 고쳐먹었지. 김덕배가 내게 알려 준 거야. 하고자 하는 의지만 있다면 안 되는 게 없다는 걸. 축구를 해 본 적 없지만 열정만으로 골을 넣었잖아.

그래서 나의 꿈, 대한민국 월드컵 우승이라는 포부를 위하여 하루에 네 시간씩 하던 〈풋볼 매니저〉를 여덟 시간씩 했어. 국민들에게는 월드컵 조별 예선에서 3승을 올려서 반드시 16강에 진출하겠다고 큰소리쳤지. … 후우. 친구야. 너한테 2030년은 어떤 해로 기억에 남니?

M 네? 갑자기요? … 저는… 그때 초등학교 6학년이어서… "6학년이 웃겨?" 하면서 돌아다닌 기억밖에 없는데요.

◉ … 그렇지. 그만큼 혼란스러웠지. 기본 소득 제도가 최초로 시행되고, 〈유 퀴즈 온 더 블록〉이 〈류

퀴즈 온 더 블록〉으로 개편되고, 대한민국 대표 팀이 월드컵 본선에서 3전 3패를 기록하고.

하지만 무엇보다 중요한 건… 2030년은 인천 공항 난투극 사건 때문에 축구가 사회악으로 등록된 해였어. 사건의 주범이었던 김덕배는 그날 이후 아직까지도 자취를 감추고 있지. 아마 본인 때문이라면서 자책하고 있을 거야.

하지만 나는 그 사건이 김덕배 때문에 벌어진 거라 생각하지 않아. 오히려 당시의 한국 축구 협회 회장님 때문이야. 회장님이 김덕배 데리고 방송국 돌아다닌 이후로 근본 충만하던 김덕배가 서서히 망가지기 시작했거든. 그 타락이 결과로 드러난 거야. 김덕배는 2030 월드컵 본선에서 한 골도 못 넣었고, 대한민국은 3전 3패로 광탈했고, 화가 난 네티즌들이 대표 팀이 귀국하는 인천 공항에 찾아왔고… 인천 공항 난투극 사건이 벌어졌지.

만약 회장님이 김덕배를 건들지 않았다면… 김덕배는 축구의 근본은 승리라는 걸 잊지 않고… 찬란한 재능과 단단한 멘탈로 대한민국 대표 팀을 월드컵 우승으로 이끌었을 텐데…. 지금쯤 어디에서 뭐 하면서 지내고 있으려나….

M **결국엔… 김덕배가 지금 어디에 있는지 모르신다는 거네요?**

⊙ 응. 하지만 회장님은 알지도 몰라. 10년 전에도 김덕배는 나보다 회장님이랑 훨씬 더 많은 시간을 보냈거든.

너 다음 주 이 시간에 뭐 하냐. 마침 회장님이랑 밥 먹기로 했는데 같이 가지 않을래?

4주 차(인터뷰)

전직 한국 축구 협회 회장 공구축 씨.

⊙ 오랜만이오, 감 감독.

그리고… 이쪽은 채연 양? 허허, 그래. 감 감독에게 얘기 들었소. 축구밖에 모르는 감 감독과 다르게, 나는 사실 채연 양 알고 있소. 5년 전에 〈동상이몽〉 나온 뒤로 어떻게 지내나 궁금했는데, 이렇게 의젓한 대학생이 되었군요. 미디어 학과 간 것 맞소?

M 네…. 이제 4학년이에요.

⊙ 많이 배웠겠구려. 영상 만들기, 편집하기…. 그러면 그 기술로 사회에 공헌을 해야지. 내가 고령화 사회에 발맞춰서 공공 가시오가피즙이라는 걸 텀블벅에서 펀딩 중인데, 아직 후원이 목

표액의 10%밖에 안 됐소. 그래서 홍보 영상 제작 감독을 찾았는데… 인터뷰하는 대가로 채연 양이 만들어 주겠다고 했다면서? 아주 영광이지, 미디어 소녀와 작업이라니, 껄껄.

M   뭐라고요? 잠시만요….

◉   원래는 할 사람 없어서 감 감독 시키려 했는데… 너무 고맙네. 바로 얘기를 시작해 보세. 김덕배에 대해 말하자면… 내가 한국 축구 협회 회장 취임식하던 날부터 얘기해야겠군. 12년 전에, 내 취임을 하면서 했던 공약과… 품었던 포부가 있소.

[100% 만석을 찍겠습니다.]

국가 대표 경기는 물론… K리그 관중석이 만석이 되도록 협회 차원에서 힘써 보려 했소. 항간에는 뭐 협회에서 저런 일을 하느냐 뒷담화가 돌았지만…. 다들 모르는 게, <u>축구의 근본은 사업</u>이야. 팬이 없으면 스포츠가 아니다, 라는 말은 경기를 이길 생각보다 팬을 모을 생각을 먼저 해야 한다는 얘기야. 프로와 아마추어의 차이는 결국 돈이지 않소이까.

그래서 내가 얼마나 방송국을 돌아다녔는지 모릅니다. 당시 국가 대표 선수 중에서 그나마 잘생긴 애들을 〈유 퀴즈 온 더 블록〉이나 〈집사부일체〉 나오게 해 보려고 발로 뛰었소. 방송국에

후배나 친구 많았거든. 근데 참… 눈 딱 감고 넣어 줄 수도 있는 걸,

"미안하다, 구축아. 네가 말한 애 인스타 팔로워 4만 명밖에 안 되네."
"그 정도면 많은 게 아니여?"
"K리그 관중이 그 정도라면 많은 거겠지. 근데 인스타에서는 몸매만 좋아도 5만 명은 찍어."

그때부터 내 미디어 공부를 시작했소이다. SWOT 분석도 배웠소. 어떻게 하면 선수들의 인스타 팔로워를 늘릴 수 있는가. 인스타 팔로워를 늘리려면 몸매가 좋아야 한다는데…. 그때 아칸토사이드D 성분이 다량 함유돼 있어 뼈와 근육세포의 생성 및 증진을 꾀하고 근골 건강과 체지방 조절에 도움을 주는 가시오가피를 원료로 한 공공 가시오가피즙이 있었다면 어땠을까 싶었소…. 지금 후원하면 선착순 100명 얼리버드 에디션으로 텀블러도 준다는데…. 텀블러는 비브라늄으로 제작해서 단단하다는데….[6]

M 자꾸 광고하지 마시고… 김덕배 번호만 알려 주시면 안 되나요?

⊙ 어허. 광고하는 것 아니오. 그저 답답함을 표현하고 싶었소. 슈퍼스타가 한 명만 나오면 한국 축구가 부활할 수 있을 텐데…. K리그가 대중

---

6   복선입니다. 기억하세요.

화될 수 있을 텐데… 당시 축구 협회 예산은 감 감독을 경질시킬 수도 없을 만큼 열악했소. (감 감독: 저기… 회장님?) 그러던 찰나…

- 니들 서대문구로 할 거면 차라리 불곡고등학교 3학년 1반 김덕배 뽑아라.
- 니들 구로구로 할 거면 차라리 불곡고등학교 3학년 1반 김덕배 뽑아라.

저절로 슈퍼스타가 등장한 것이오. 무려 몇만 명이 똑같은 댓글을 쓰고 있었고, 그래서 난 대중의 바람대로 김덕배를 선발하자고 주장했소. 다른 축구인들은 만류했지. 뭔 저런 근본 없는 애를 뽑냐고. 하지만 나에겐 확신이 있었소.

이제 축구 선수는 축구만 잘한다고 되는 게 아니여.

그러니까 김덕배를 선발하는 데 있어 내가 중요하게 생각한 건… 김덕배의 축구 실력이 아니었소. 사람들이 그를 궁금해한다는 것이었지. SWOT 분석을 해 봐도 실보다 득이 많았소.

그리하여 일본전.

감 감독이 자꾸만 "아직은 투입할 때가 아닙니다!"라고 말하며 투입하지 않으려 했지만, 내가 무전기로 당장 투입하라 압박했소.

그리고 교체 투입 10분 만에 헤딩으로 결승 골을 넣은 김덕배는… 슈퍼스타가 됐지.

1부 근본론

[속보] 세계 최초 네티즌들이 선발한 선수 김덕배… 한국을 승리로 이끌어…

그때가 돼서야 모두들 나의 선발론을 이해하기 시작했네. 박진영이 비를 키워 냈듯, 협회는 수많은 슈퍼스타… 아니, 월드 스타들을 발굴해 낼 거다…. 1호 스타인 김덕배를 보호하기 위해 한국 축구 협회는 그의 매니지먼트를 자처했지.

김덕배를 섭외하려고 안달이던 방송국 PD들로부터 그를 보호했다는 이야기요.

마치 기획사처럼, 스케줄을 관리해 주었지. 그의 실력에는 의심의 여지가 없으니 협회만 잘하면 소위 젊은이들 말로… 역대급 선수가 나올 조짐이 보였으니까.

김덕배의 첫 스케줄로… 〈유 퀴즈 온 더 블록〉, 〈집사부일체〉 등을 거절하고 〈아이돌 스타 육상 선수권 대회〉(이하 〈아이돌 육상 대회〉)를 고른 건… 그래도 김덕배의 근본은 축구 선수라는 걸 잊지 말자는 SWOT 분석에 따른 결과였소. 마침 대회가 열리는 장소도 상암 월드컵 경기장. 한국 축구의 근본이 되는 곳이었지.

경기 당일

그 넓은 경기장 안에 가득 차 있는 관중들을 보면서… 이야. 선수들 뛸 맛 나겠다 싶었소. 내가 바라는 게 이 풍경인데… 다른 선수들도 다 이 맛 좀 봤으면 좋겠는데…. 갑자기 김덕배가 못 하겠다는 겁니다. 부담 된다고.

물론 이해는 했소.

그동안 한국에서 펼쳐진 축구 경기들, 이를테면 K리그 혹은 고교 축구 대회와 다르게 〈아이돌 육상 대회〉 관중석은 만석인 데다가 다들 뜨거운 응원을 보내고 있었으니까.

그러나 따지고 보자면 이게 본연의 축구에 훨씬 가까워.

휑한 경기장에서 지켜봐 주는 사람 없어도 괜찮다고 최면 걸어 가며 발톱 빠질 때까지 공을 차는 거? 그거 축구 아니야. 축구는 축제여야 하오. 그리고 그 축제는 선수들이 아닌 나 같은 경영자들이 만들어 줘야 하고. SWOT 분석과 함께. 자, 그래서 나는 덕배 군에게 말했소. 저 팬들의 카메라 셔터 소리를 들어 보라. 캐논 미러리스구나. 이게 축구다. 축구는 사업이라고. 그러니까 선수로서 이런 웅장함에 미리 적응을 해야지.

"하지만 저는 축구 선수가 아닌걸요…."
"겸손하지 않아도 된다오."
"저는 축구 선수가 아닌걸요…."
"상품성은 스스로 높여야지."
"축구 선수가 아닌걸요…."
"한 마디를 안 지네?"

1부 근본론

"아닌걸요…."

원, 참. 정 뛰기 싫으면 위약금 내든가. 크리스티아누 호날두가 상암 월드컵 경기장에서 노쇼하고 튄 이후로 이벤트 경기 위약금이 몇십 배로 빡세졌는데, 그거 감당하든가. 50억 내든가. 그런데 김덕배가 진짜로 돈을 낼 수 있다는 거요.[7] 자기 집에 돈 많다면서.

내기는 뭘 냅니까.

나는 김덕배를 방송국 직원들에게 패스하고 관중석으로 돌아왔소. 그리고 한국 축구 협회 대학생 인턴들에게 시켜서 밤새 제작한 응원 피켓을 꺼내 들었지.

"우윳빛깔 김덕배! 안 꿀린다 김덕배!"

내 주변에 있던 젊은이들이 나를 경멸의 눈초리로 쳐다봤지만 아랑곳 않았소. 선수를 위해 이 정도로 애써 주는 회장이 어디 있소. 그런데 나의 노력이 무색하게… 김덕배는 축구를 열심히 안 하더군. 충분히 골을 넣을 수 있는 상황에서도 힘없이 슈팅하고, 드리블을 할 수 있는 상황에서도 공 밟고 넘어지고. 예능 욕심 있나?

쉬는 시간

7　복선입니다. 기억하세요.

"덕배 군. 안 봐줘도 된다니까!"
"봐주는 게 아니라 이게 제 실력이에요…."

나 때… 아니, 나 때라고 하면 안 좋은 거니까, 우리 때는 기회가 오면 자기 능력을 증명해 보이려고 안달이었는데, 기회가 과분하다고 우기는 모습이 도무지 이해가 안 가서 목소리를 크게 했지. 화낸 게 아니라 목소리를 크게 했소. 그런데… 김덕배 군이 갑자기 질질 짜는 거요. 고작 이 정도로? 진짜 요즘 애들은… 싶었는데 어디선가 목소리가 들려오더군.

"귀여워…."
"지켜 주고 싶어…."

엇? 뒤를 도니까 팬들이 따뜻한 눈빛으로 이쪽을 바라보고 있더군. 아, 이것이 축구판과는 다른 연예계의 온기인가…. 나는 감격에 차서 팬들의 카메라 셔터 소리를 들었소. 찰칵찰칵. 캐논 미러… 아, 저건 니콘이구나~

M 지어내시는 거 아니죠? 김덕배가 〈아이돌 육상 대회〉 나갔단 기사는 하나도 없었는데….

⊙ 없었던 게 아니라 뒤로 밀린 거겠지요. 10년 사이에 〈아이돌 육상 대회〉 열 번은 더 했는데, 당연히 최신 소식들에 밀린 것이겠지요.

M 아니에요. 제가 진짜 샅샅이 뒤졌는데….

1부 근본론

⊙ 더욱 샅샅이 뒤져 봤어야죠. 그랬으면 확인했을 것이오. 〈아이돌 육상 대회〉 이후 잠깐 동안 치솟았던 소년 김덕배의 인기를.

각종 프로그램 및 K리그 구단에서 제의가 들어왔소. 마음 같아서는 모두 수락해 돈을 벌고 싶었지만, 나는 그래도 선수한테 직접 선택권을 주었소. 스스로 SWOT 분석을 해 보아라. 그런데 우리의 김덕배 군은 또 기대를 저버렸소. 전부 못 하겠대. 그럼 자네가 할 수 있는 건 뭔데?

"그러니까요…. 전 뭘 하면서 살아야 할…"
"돈 벌어 가며 살아야지. 철 좀 드시게."
"저 이렇게 돈 벌 필요 없어요…."
"어허. 젊음을 낭비하지 말게."

젊은이들은 참 모르오. 젊음은 돈이 된다는 걸. 나 같은 유부남은 방송 나가고 싶어도 나갈 수가 없소. 나중에 나이 60대 되면 길거리에서 맞짱 떠도 누구 하나 거들떠도 안 봐.[8] 그때 하소연한들 누가 봐 주냐고. 같이 늙은 60대 사람들만 구경해 주지.

그래서 나는 김덕배 군이 나중에 후회하지 않도록, 젊음을 즐길 수 있게 해 주었소. 겉모습이 빛나게 염색도 시켜 주고 명품 옷 입고 CF도 찍게 해 주었소. 네 살 이상 차이 나는 연예인들과의 스캔들 기사도 뿌려 주었고, 심적으로 힘

---

8 복선입니다. 기억하세요.

들어할 때는 내가 직접 튜터링을 해 주었소.

하지만 김덕배는 정말이지 멘탈이 너무 약했소. 떠오르는군. 자기는 돈 필요 없다고 자꾸 말하던 그의 모습이…. 그래…. 생각해 보면 그에게 필요한 건… 수많은 돈도, 명예도, 커리어도 아닌 단지 하나였소….

M **공공 가시오가피줍요?**

◉ 오, 어떻게 알았어. 가시오가피는 스트레스 관여 호르몬인 코르티솔을 억제하여 심신 완화를 돕고 중추 신경계 안정 작용도 하네. 말 나온 김에 지금 바로 휴대폰 켭시다. 채연 양도 후원 갑시다. 텀블벅 아이디 있으시오? 아, 채연 친구도 프로젝트 해 본 적 있다고? 그럼 더 빠르겠군. 얼른 이거 후원 끝내고, 내가 전화 돌려서 김덕배 근황 물어볼 테니까. 좋소이다. 검색 창에… '공공 연구소'라고 검색하면 뜰 것이오.

… 어이쿠야?

5주 차(수업 시간)

혼란대학교. [미디어 제작 실습] 수업 시간.

나다.

지금까지의 취재를 정리해 보자. 우선 지난 2주 동안은 시간 낭비만 했다. 지난 주. 내가 텀블벅에 '공공 연구소'를 검색하자, 공 회장님이 이제까지 벌였던 프로젝트들이 등장했다. 문제는 그중에 [한국 축구 부활을 위한 '감 감독 경질 프로젝트']가 있었다는 점이었다.

"부… 분명 닉네임 바꿨는디… 이게 왜 뜨는 것이오?"

공 회장님은 몹시 당황했다. 음…. 범죄 저지르고 개명하면 빨간 줄도 없어지는 줄 아셨을까. 어쨌거나 회장님이 10년 전의 감 감독 경질 프로젝트를 진행한 당사자라는 것을 확인한 감 감독님은 어떻게 이럴 수가 있냐며 잔뜩 흥분했고, 회장님은 처음에는 미안해하다가 어느 순간 적반하장으로 굴었다.

"한국 축구를 위한 일이었다네."

"진짜 실망이고… 영상 감독 필요하시다길래 제가 애 소개도 해 줬는데…"

"소개는 무슨. 네가 안 하려고 멀쩡한 애 호구 잡은 거면서."

"이이이이이잉!"

"아아아아아앙!"

두 어르신은 탑골 공원을 무대로 이종 격투기를 시작했다. 나는 조용히 자리를 떴고, 등 뒤로 다른 어르신들의 목소리가 들려왔다. 이기는 편 우리 편! 지는 편은 나가리! 그 신난 목소리들을 제외하고는, 아무도 그들에게 관심이 없었다. 새삼 노인 고독이 얼마나 심각한 사회문제인지 실감했다.

그리고 지금

나는 착잡한 기분으로 강의실에 앉아 있다. 수업 시작 시간은 두 시간 뒤지만 일찍 왔다. 집에 있어 봤자 엄마 잔소리나 들어 줘야 하니까. 엄마는 항상 얘기한다.

"너 때문에 방송 나가고 다 꼬였어."

이제는 나도… 그게 틀린 말이 아니라고 생각한다. 5년 전. 나는 미디어 소녀라는 별명으로 가족 예능 〈동상이몽〉에 엄마와 함께 출연했다. 그리고 몇 명의 연예인들과 몇십 명의 방청객들 앞에서 고민

1부 근본론

을 토로했다. 리포터가 되고 싶은데 엄마가 반대한다고. 강압적으로 소리를 질러서 자기 말을 듣게 만든다고.

"내가 왜 화를 냈겠나? 리포터보다 의사가 돼야지!"

엄마는 대본에 없던 돌발 발언으로 내 말을 저지하려 시도했다. 하지만 스튜디오에는 집과 달리 엄마를 저지해 줄 어른들이 많았다.

"채연이가 학교생활 내팽개친 것도 아니고. 1등급이잖아요."
"그러니까 내 답답한 것 아닙니까. 1등급인데 왜 딴따라를 해요."

그 말은 그나마 남아 있던 엄마의 지지자들까지 등 돌리게 만들었다. 방청객 투표 결과, 〈동상이몽〉 최초로 100대 0이라는 결과가 나왔다. 모두가 만장일치로 나를 지지했다. "즐기지 말고 죽을 만큼 노력해야 돼요!"라는 키 큰 연예인의 조언, "나중에 함께 프로젝트 해 봐요!"라는 드라마 배우의 농담을 들으면서 나는 이미 만족스러운 기분을 느꼈다.

방송 이후

엄마는 내 마음대로 하라고 일렀고, 나는 미디어 커뮤니케이션 학부에 진학했다. 예치금을 납부하고 MT 갈 생각에 들떠 있는데 뜬금없이… 엄마가 오랫동안 일하던 인쇄소에서 해고됐다. 인쇄소 사장님이 말하길 TV에서 엄마를 봤는데, 그런 사람인 줄 몰랐다며 실망했단다.

엄마의 직장과 나의 꿈을 맞바꾼 셈이었다.

괜찮다. 당장에는 호구 딜처럼 느껴져도, 먼 미래에는 신의 한 수가 될 게 분명하다. 방송으로 잘되면 직장인 연봉 10년치도 금방 벌 수 있으니까, 대학교에 진학하자마자 나는 바로 미래 계획을 세웠다. 그리고 3학년이 되던 해, 휴학을 하고 본격적으로 계획을 실천에 옮겼다.

[미디어 소녀의 리포터 프로젝트!]

텀블벅에 나의 프로젝트를 업로드했다. 소외 계층 약자들을 인터뷰하여 매주 10분짜리 영상을 보여 준다. 총 16개의 에피소드이며, 목표 금액은 천만 원이다. 영상은 유튜브를 통해 업로드되지만 텀블벅 후원자들에게는 메일을 통해 인터뷰 영상 원본을 보내 준다. 이 외에도 후원자에게 특전으로 제공하는 여러 가지 굿즈가 있다. 후원 금액 200% 달성 시에는 감독판 특별 상영과 GV도 진행한다. 방송에 나가서 유명해지기도 했고, 대학교에서 쌓은 인맥도 있으니 그 정도 금액이야.

지금에 와서 보면 현실감 없는 계획이었지만 그때의 나는 정말 자신감 넘쳤다.

우선 내가 등장하는 유튜브 영상마다 찾아가서 홍보를 했다. 이를테면 400만 조회 수를 기록한

〈동상이몽〉 다시 보기 클립에 댓글을 남겼다.

앗. 미디어 소녀 본인입니다.

벌써 3년이나 지났네요…. 저는 미디어학과에서 대학 생활을 만끽 중입니다^^

그리고 현재 제 개인 작업에 대한 펀딩 진행 중인데 경제적인 도움이 절실히 필요합니다.

댓글 말미에는 내 개인 유튜브 계정 링크를 달았다. 구독자는 일주일 만에 500명으로 늘었고, 비록 그 수치가 텀블벅 후원자 수로 이어지진 않았지만, 내 마음은 희망으로 가득 찼다. 어느 날 국민거품 한국축구라는 유저가 내 브이로그 영상에 댓글을 남기기 전까지.

〈동상이몽〉에서 화제가 됐던 미디어 소녀. 그 열정이 상당하다는 건 인정한다. 하지만 미디어 소녀는 미래를 위해 너무나도 정석적인 테크 트리를 짜 놓았다. 어떻게 아느냐고? 뻔하다. 이런 새끼가 축구판은 물론, 연예계에도 한두 놈이 아니었으니까.

요약하자면 미디어 소녀는 근본을 잃었다. 수많은 유망주들의 근본을 박살 내는 요소는 크게 네 개.

1. 겉멋 2. 돈에 환장 3. 연상의 애인 4. ㅈ 같은 선생

지금 미디어 소녀를 보라. 〈동상이몽〉 나올 때만 해도 단정하던 머리가 어울리지도 않는 빨간색이다. 또한 10분짜리 영상 16개 만드는 데 왜 천만 원이나 필요한가. 남는 돈으로 비트코인 구입하려는… (더 보기)[9]

———

9   복선입니다. 기억하세요.

그 개소리에 무려 몇백 명이 '좋아요'를 누른 상태였다. 사이버 선무당 국민거품 한국축구님…. 성지순례 왔습니다…. 미디어 소녀 이제 어떡하나요…. 등의 대댓글을 남기며 자기들끼리 북 치고 장구 쳤다. 나는 해명을 할지 말지 고민했다. 빨강 머리는 여섯 살 때 본 영화 〈루시〉의 스칼렛 요한슨 머리를 이제야 따라해 본 거고, 천만 원은 인터뷰 사례비다.

하지만 굳이 해명하지 않았다. 보편적 상식을 믿었다.

그러나 선동의 힘은 무시무시했다. 그날 이후, 내가 어떤 영상을 올려도 '근본'과 관련된 댓글이 달렸다. 시험 공부하는 영상 올리면 다행이다 근본력 충전됐다…. 유니클로에서 쇼핑하는 영상 올리면 큰일이다 근본력 떨어진다…. 재미도 없는데 자기들끼리 시시덕거렸다. 아이러니한 건 댓글 창이 나에 대한 희롱으로 도배될수록 구독자 수는 올랐다는 것이다.

그러거나 말거나.

내 텀블벅 후원자 수는 그대로였다. 결국 후원 마감일까지 목표액의 50%도 채우지 못했고, 그제야 나는 깨달았다. 인스타그램 팔로워, 유튜브 구독자가 내 현실의 지지자들은 아니란 걸. 국민거품 한국축구가 나타나지 않았더라도 나의 도전은 실패했으리라는 걸. 쉽게 받아들이기 힘들어서 나는 자꾸만 가정을 했고,

1부 근본론

약속했던 친구들이 제때 후원을 해 줬다면….

〈동상이몽〉촬영 함께했던 연예인들이 내 DM에 답장해 줬다면….

결국 받아들이기 버거워서 인스타그램 스토리를 올렸다. 커피 사진과 그 아래에 딸린 '나는 진짜 열심히 하는데….'라는 글에는… 도와준다고 해 놓고 도와주지 않은 사람들을 저격하고 싶은 마음을 담았다.

그런데 곧바로 인스타그램 메시지가 왔다.

- 채연 님. 눈팅만 하다가… 팔로우하고 갑니다. 팬이에요. 힘내시길 바랄게요. 다음에 프로젝트 하시면 그때는 꼭 후원하겠습니다.

고맙지만 현실적인 도움은 되지 않는 말이었다. 그래도 팔로워 늘어났단 걸로 위안을 삼으며 휴대폰을 껐다가… 그래도 답장은 하는 게 예의겠지 싶어서 다시 휴대폰 화면을 켰다.

그런데 팔로워 한 명이 다시 줄어 있었다. 메시지를 보낸 사람은 나를 언팔한 상태였다. 답장 안 하면 언팔하면서 팬이라니.

다시 한번 나는 깨달았다.

〈동상이몽〉방송을 보고 댓글을 남기던 이들은 내 재능을 지지해 주는 사람이 아니었다. 그저 엄마의 열등감을 미워하던 이들이었지. 나는 긴 시간 착각했던 것이다. 뼈아픈 실패를 맛보기 전까지.

차라리 혼자만의 실패였다면 모를까. 나는 촬영을 도와주기로 했던 친구들에게 '미안하다'라는 문자까지 돌려야 했다. 몇 번의 '네가 왜 미안하냐'라는 위로를 받고도 기분은 나아지지 않았다. 한 번더 우울을 전시하고 싶다는 욕구가 샘솟았고, 어느새 나는 인스타그램 게시물을 올리고 있었다.

- 이 학교에 오지 말걸 그랬다…. 내 잠재력이
  여기서 다 묻힌 듯한 느낌이다….

그리고 실시간 새로 고침을 하며 누군가 좋아요를 눌러 주는지 확인했다. 5분이 지났는데 아무도 좋아요를 누르지 않았다. 다들 자는 걸까. 10분이 지났는데도 마찬가지 상황이 이어지자 나는 게시물을 지우고 싶어졌다. 이건 좀 아니라는 생각이 들어서 지웠다.

그런데 이미 내 게시물이 박제된 채로 곳곳에 퍼진 뒤였다. 내 인스타그램 팔로워는 2000명도 안 된다. 그런데 어떻게 10분 만에 지운 게시물이 유튜브에 떠돌아다니고 400만 조회 수를 기록하는 걸까.

- 한국 대학 시스템 저격한 미디어 소녀?
- 우울증 의심되는 미디어 소녀 근황…

그 400만 안에는 당연히 우리 학교 사람들도 포함돼 있겠지. 그러니 나의 고독한 학교생활은 예정된 수순이었다. 어차피 카톡 할 사람도 없으니 이제 인터넷 그만하고 공무원 준비하자는 생각에 휴대

1부 근본론

폰을 갤럭시 폴더로 바꾸었다.

고독하구만.

당연한 결과지만, 공무원 시험에는 떨어졌다.

그렇게 1년의 휴학이 끝난 이후, 나는 혼자 다녔다. 코로나 19 유행은 끝난 지 오래지만 사람들과 사회적 거리를 뒀다.

그런 생활을 벌써 2년째…

잘도 해 오고 있었는데, 갑자기 텀블벅 펀딩에 최종 실패했던 날의 새벽처럼 서글픈 기분이 들었다. 사실은 나 인터뷰 하는 거 좋아해서, 감 감독님, 공 회장님 취재하러 갈 때 조금은 들떠 있었거든. 하지만 그들도 결국 자기 이득에 눈멀어 이용할 작정으로만 나를 대했거든.

나도 모르게 눈물이 났고, 느와르 영화 주인공처럼 최대한 그 센치함을 즐겨 보려 했지만… 하필 그때 강의실 문이 열렸다. 우리 조 조원들이 입장했다. 급하게 하품하는 척했는데 졸린 것치고는 너무 많이 볼을 적셔 버린 상태였다.

"조장님. 술수 쓰지 마세요."
"운다고 다 해결되면 훈이가 세계 정복해요."

이윽고 수업이 시작될 예정이기에, 나는 눈물을 그치고 발표할 내용을 알려 줘야 했다. 하지만 알려 줄 게 없었다.

"괜찮아요, 조장님."
"직접 하시면 되죠."

수업 시~작!

나는 지난 2주 동안의 취재 내용을 교수님 및 다른 조 학우들에게 발표했다. 축구의 근본은 승리라고 했던 감 감독님…. 축구의 근본은 사업이라고 했던 공 회장님…. 근본…. 그놈의 근본…. 단어 하나 때문에 발표하는 와중에 눈물이 차올랐다.

그렇게 따지면 나의 근본은 우울인데….

드러냈더니 다들 떠나잖아. 내가 뭘 그렇게 잘못했을까. 누구는 부모 잘 만나서 유튜브 구독자 돈 주고 사던데. 엄마는 내가 약자들을 돕는 리포터가 되고 싶다고 했을 때부터 비웃었다. 네가 약자인데 누구를 돕냐고. 예전에는 그런 말을 들어도 나뿐만이 아니라 사람은 모두가 약자다, 나는 성선설이나 성악설이 아니라 성약설을 믿는다고 반격했지만, 이제는 관두고 싶다. 리포터 하기 싫고 미디어라는 말 듣기도 싫다.

하지만 발표는 끝내야지.

나는 애써 웃으며 조만간 밀양에 내려가서 김씨들 족보 다 뒤져 보겠다고 계획을 얘기했다. 그러자 숨이 멎을 듯한 정적이 흘렀다. 차라리 다행이었다. 아무도 질문하지 마라. 나는 경고의 의미로 더욱 힘

1부 근본론

을 쥐서 선홍빛 잇몸 웃음을 지었다. 그런데,

"그 표정…. 김덕배 군을 따라 하는 센스인가?"

"예?"

뜬금없이 교수님이 질문을 했다. 내가 대답을 하지 않자 있지도 않은 머리카락을 긁적이며 말씀하셨다.

"아아… 미안하네. 표정이 닮아서."

"김덕배 표정하고요?"

고개를 끄덕인 교수님은 본인의 과거 얘기를 시작했다. 익숙한 광경이었다. 학생의 발제에서 시작하여 교수님의 추억 토크로 끝나는 대학교 수업. 아무튼 지금으로부터 10년 전. 2030년. 월드컵 본선에서 3전 3패한 대표 팀이 귀국하던 인천 공항. 축구 팬들이 선수들을 기다리던 자리. 누군가 돌아다니면서 날계란을 팔던 그 자리에는 교수님도 있었단다.

이윽고 방탄 헬멧을 쓴 선수들이 게이트로 입장했다. 선두에 선 왜소한 자는 얼굴을 보이지 않았지만, 누구나 그가 김덕배란 걸 유추할 수 있었다. 그렇기에 다들 준비해 둔 무기를 꺼냈다. 축제의 현장이었다. 대중이 누군가에게 돌 던질 때 동참해야 한다는 건 국룰이기에, 교수님은 집에서 손수 가져온 날계란을 꺼냈다. 분명 날계란이었다.

하지만 교수님은 자신이 태양인이란 사실을 간과했다. 가뜩이나 열이 많은 육체에 분노까지 더해

지니, 주머니에 있던 날계란은 익어 버릴 수밖에 없었던 것이다. 그것도 모르고 온 힘을 담아 송구했다. 마치 〈포켓몬스터〉 주인공 지우가 망나뇽에게 포켓볼을 던지듯이,

"악!"

김덕배의 눈두덩이에 그대로 에그 드롭했고, 비명 소리가 울렸다. 그러자 태극기 그려진 날계란을 하나에 3만 원씩 팔던 계란 장수가 마스크를 벗어 던졌다. 놀랍게도 그는 한국 축구 협회 회장 공구축 씨였다. 이마가 찢어진 김덕배를 부축하며 그는 축구 팬들에게 소리쳤다.

"삶은 계란 던진 사람 누구요, 나오시오!"

교수님은 남은 계란들 다 맞을까 봐 두려워서 자수하지 못하고 사람들 수군거리는 소리만 들었다. 그 가운데서 한국 축구 협회 공 회장님은 김덕배를 안으며 날뛰었다.

"내 분명 태극기 그려진 날계란만 가능하다 고지 했거늘!"

수군수군…. 도대체 누가 그런 거람…. 군수군수…. 야, 그래도 삶은 계란은 진짜 아니지…. 수군수군…. 난 그래도 다칠까 봐 몸 쪽으로 던졌다…. 군수군수…. 사람들이 떠드는 동안에도 김덕배는 선홍빛 잇몸 웃음을 계속해서 짓고 있었고,

^=^…

1부 근본론

"이게 다 회장님 때문 아닙니까!"

갑자기 누군가 앞으로 나오며 소리쳤다. 감 감독님이었다. 그는 축구 팬들이 보는 앞에서 김덕배가 근본을 잃지만 않았어도 1승은 했다고 항변했다. 대한민국 축구 팬들 중에 그 누구도 스포츠 토토 역배의 혜택을 누리지 못한 건 다 공 회장 당신 때문이라고.

그러자 회장님은 반박했다. 애초에 감 감독의 전술이 이상했다고. 근본이 발현되려면 최소한의 환경은 갖춰져야 하는데, 그걸 네가 제공해 주지 못했다고. 전술만 좋았더라도 김덕배는 큰 활약을 했을 테고 1승은 무슨 3승까지 해냈을 거라고.

"아닙니다. 회장님 때문입니다."
"무슨 소리. 자네 때문일세."

축구 팬들은 감 감독님과 공 회장님을 번갈아 가며 쳐다봤다. 그 자리에는 비단 축구 팬뿐만 아니라, "무조건 승리합니다!"라는 한국 축구 협회의 말만 믿고 대한민국 승리! 쪽 토토에 전 재산 걸었다가 카카오뱅크 생활비 대출을 신청 중인 서민들도 함께였다. 그들 앞에서 말 잘못했다가는 능지처참 재현이 벌어질 수도 있는 상황이었다.

···ㅠㅅㅠ

그런데 어디선가 흐느끼는 소리가 들려왔다. 왼쪽 눈두덩이가 축구공만큼 부은 김덕배였다. 그는 이때다 싶었는지 몇 달간 쌓였던 울분을 토해 냈다.

"그러기에 내가 안 한다고 했잖아요…."

"어… 어어…?"

"나 믿지 말지 그랬어요…. 왜 다들 저한테 그러세요…."

그때부터 감 감독님과 공 회장님은 더 이상 말싸움을 할 수 없었다. 참고 있던 서민들의 인내심이 폭발해 버렸기 때문이다. 그야말로 난리가 났다. 출동한 공항 경찰들이 확성기로 "멈춰!"[10]를 연발해도 소용이 없었다. 2000명이 사망하고, 5040명이 부상을 당하고, 인천 공항 면세점이 다 털렸던 그날의 난투는 대국민적 참사로 기록되었다. 오죽하면 대통령이 공식 기자회견을 열어 애도를 표하며 책임을 지겠다고 선언했다.

그가 책임을 진 방식은 간단했다. 마치 해경을 해체하듯이, 한국 축구 협회를 해체시켰다. 그에 더해 사람들을 분노케 하고 폭력적으로 만드는 <u>축구를 가정 폭력, 성폭력, 불량 식품, 학교 폭력과 함께 사회악으로 규정하고 통제했다.</u> 그때부터 한국에서 축구는 불법이 되었다.

아들이나 딸한테 "축구하자!"라고 말하는 부모는 아들이나 딸한테 "몇 대 맞자!"라고 말하는 부모와 똑같이 간주한다.

---

10 *복선입니다. 기억하세요.*

1부 근본론

친구한테 "너 집에 축구공 몇 개 있어?"라고 말하는 친구는 친구한테 "너 팬티 속에 공 몇 개 있어?"라고 말하는 친구와 똑같이 간주한다.

길거리에서 축구공 들고 다니는 사람은 길거리에서 대마초 꽃다발 들고 다니는 사람과 똑같이 간주한다.

학교 운동장에 있는 축구 골대를 없애지 않는 학교는 선배들이 후배들 축구 골대 대형으로 묘기 부리게 시킨 학교와 똑같이 간주한다.

그리고 당시 대통령이 진 책임은 저때로부터 10년이 지난 지금까지 유효한 상태다.

*

"방금 채연이를 보니, 그때의 김덕배가 떠올랐네."

"… 그래서 교수님은, 감 감독이랑 공 회장 말 중에 뭐가 맞는 것 같으세요?"

딱히 뭐라 할 말이 없어서 물어본 거였다. 그런데,

"흐음~ 나는 모르겠네. 사실 월드컵 안 봤거든."

"네? 근데 인천 공항엔 왜 가셨어요?"

"말했잖아. 돌 던지면서 스트레스 풀려고."

"…"

"내가 그때 대학원생이어서 많이 힘들었네. 조별 과제 하느라."

그래 놓고… 우리한테 또 조별 과제 시킨다고? 교수님이 미친놈인 건 알았지만 이 정도일 줄은 몰랐다. 음…. 말이 너무 심했나? 허나 나만 그렇게 생각하는 건 아닌 듯했다. 모두가 경멸의 눈초리로 교수님을 바라보았다. 살기가 느껴져서인지 아니면 태양인이라서인지, 교수님은 땀을 흘렸다.

"아무튼 다큐 기대하겠네, 학부생!"

그리고 수업을 황급히 끝내 버렸다.

집으로 돌아와서

그나저나 내가… 김덕배를 닮았다고? 늙다리들한테 이용만 당하고 버려진 인간하고 비슷하다고? 생각할수록 열 받는데, 자세히 생각해 보면 틀린 말이 아니라서 더 열 받는다. 과제를 하기 위해 켰던 노트북에서 '하윤주 다큐멘터리.mp4' 파일을 보자 옛날 생각이 나서 분노는 배가 됐다. 하지만 아무도 안 궁금할 얘기일 테니 말 안 하겠다.

아무튼 나는 계획을 세워야 했다. 다다음 주까지 영상 초안을 제출해야 하니까. 과제뿐만이 아니라 공 회장님에게 약속한 공공 가시오가피 홍보 영상도 만들어야 한다. 그래서 일단 노트북에 두 개의 문서 창을 띄워 놨으나… 몇십 분이 지나도 아이디어가 떠오르지 않아 결국 나는 문서 하나를 닫았다. 그리고 남은 하나의 문서에 이렇게 적었다.

1부 근본론

[나는 김덕배다]

그러니까 내가 대신 인터뷰를 하겠다. 대충 진짜 김덕배를 만났는데, 그 사람이 카메라 공포증 있어서 촬영은 거부했다고 둘러대고, 피치 세 단계 낮춘 내 목소리로 녹음하겠다.

누군가는 거짓말하는 거냐고 비난할 수 있겠지만, 살인 한 번이면 참을 인 세 번을 아낄 수 있듯, 거짓말 한 번이면 살인 세 번을 면할 수 있다. 이대로 가다간 만사에 지쳐 다 때려치우고 싶어진 나머지 진짜로 인간 헌터 돼서 교수님과 조원들에게 새빨간 추억만 안겨 줄 것 같으므로, 좋게 가자.

그런 마음으로 나는 대본을 써 내려갔다. 내가 인생 패배자로서 느꼈던 기분을 바탕으로 현재 김덕배란 사람이 품고 있을 심리를 유추했다. 그리고 녹음을 하려다가… 피곤하다, 다음 주에 하자.

6주 차(인터뷰)

전직 축구 선수 김덕배 씨와의 인터뷰.(그냥 속아 줍쇼….)

⊙ 중학교 때 저는 존재감이 없는 아이였습니다. 하루는 그게 분해 점심 먹고 무단 조퇴를 했습니다. 그리고 졸업식 때 개근상을 받았죠.

고등학교에 올라가니 제 생활은 더 나빠졌습니다. 제가 다녔던 불곡고등학교는 남고였기 때문에, 아무래도 공학이었던 불곡중학교보다 서열 싸움이 심했거든요. 그 서열을 가리는 방법이 축구였습니다. 담배 피우고 애들 패는 애보다… 다 같이 하는 축구 경기에서 헛발실하는 애가 더 욕을 먹는 곳이 고등학교 교실이었습니다.

그리고 대개는 헛발질하는 애가 담배 피우고 애들 패는 애한테 폭력 피해도 당합니다. 처음에

1부 근본론

는 헛발질할 때만 맞지만, 시간이 지나면 그냥 맞습니다. 축구 대표 팀 선수가 헛발질을 했다고 대신 맞고. 그러다 보면 늘 긴장 상태니까 또 축구 경기에서 헛발질을 하게 됩니다.

축구 안 하고 싶은데….

체육 선생님은 반의 화합을 위해서 모두가 경기 해야 한다고 말하고 자기는 테니스 치러 갑니다. 저는 그런 학교생활을 했습니다. 체육 시간 마다 부디 나에게 공이 오지 말았으면 하고 빌면서 살았습니다…. 그러던 어느 날. 유튜브에 뜬금없이 제 이름이 등장한 것입니다.

- 니들 이따구로 할 거면 차라리 불곡고등학교 3학년 1반 김덕배 뽑아라.

그 댓글이 각종 포털 사이트는 물론 뉴스에까지 퍼지자… 학생부장 선생님이 우리 반 교실로 쳐들어왔습니다. 그 댓글 처음으로 쓴 사람 나오라고 일렀습니다. 안 나오면 쉬는 시간을 8분으로 줄이겠다고 협박하셨지만… 모두가 침묵했습니다. 그러자 불똥은 저에게 튀었습니다.

"김덕배. 너 분리수거 한 달 징계다."
"왜 제가…"
"네가 쭉정이인 탓에 우리 학교 명예가 강등됐잖아!"

저는 쉬는 시간마다 교문 옆에 있는 분리수거장으로 가야 했습니다…. 쉬는 시간이 8분으로 줄

어서 업무는 더욱 타이트해졌습니다. 학교의 쓰레기들은 저 혼자만의 몫이었습니다.

그래도 지구를 위하는 일이라고 생각하면서 열심히 하자….

고독했지만 종량제 봉투 뜯으며 플라스틱 분리했습니다. 그런데 며칠 뒤, 학생부장 선생님이 분리수거장에 방문한 겁니다. 양옆에는 못 보던 두 명의 어른이 함께 있었습니다. 그때는 그게 감 감독님과 공 회장님인 걸 몰랐죠. 학생부장 선생님은 싱글벙글 웃고 있었지만 저는 괜히 겁을 먹고 눈치를 봤습니다.

"무슨 일이십니까, 선생님…."
"네가 쪽정이인 덕분에 우리 학교 명예가 승급됐잖아!"
"예?"

M 저도 그랬어요. 〈동상이몽〉 출연하기 전까지는 선생님들이 신경도 안 썼어요. 교실에서도 다니는 애들하고만 다녔죠. 조용하게 살았어요.

그런데 방송 한 번 나왔다고… 갑자기 위클래스에서 말 한 번 섞은 게 다인 애들이 인스타그램에 태그하고 게시물을 올리는 거예요. 물론 제가 허풍 떨긴 했어요. 그땐 어려서, 연예인들이랑 번호 교환했다고 뻥 치고… 하윤주 씨랑 작업하기로 했다고 자랑하고….

1부 근본론

⊙ 그렇지 말입니다. 사람들한테 실체 없는 칭찬을 받으면 마음이 불편합니다.

그렇게 국가 대표 축구 선수가 된 이후… 제 첫 골이자 유일한 골이었던 일본전 결승 골 장면 '다시 보기' 하면 알겠지만, 나는 그냥 멍 때리고 있었어요. 축구공이 나한테 와서 맞은 거예요. 여기 코 삐뚤어진 거 보이죠? 그때 맞았는데 제대로 치료 못 해서 이래요.

그런데 사람들이 워낙 극찬을 해 대니까… 축구 감독, 축구 협회 회장이라는 사람이 위치를 선정하는 것도 실력이라고 해 주니까… 솔직히 '아, 진짜 나한테 재능이 있는 건가?' 기대가 들었죠. 하지만 그것도 찰나였습니다.

〈아이돌 육상 대회〉에 나가서 정식으로 경기를 뛰어 보고 알았습니다. 저한테는 축구 재능이 아예 없습니다. 이 저질 체력으로 잠시나마 프로 축구 선수를 꿈꿨다니. 축구 협회 회장님은 "이 시대 축구 선수의 실력은 축구 잘하는 능력으로 결정되는 게 아니야."라고 했지만, 그건 기본기는 갖춘 이들에게 해당하는 말이지요. 저는 백날 슈팅 연습을 해도 공을 띄우지 못했습니다.

근데 인기는 계속 올라갔어요. 다들 내가 월드컵 본선에서는 제대로 된 실력을 보여 줄 거라고…. 경주견들이 열심히 달릴 때 치타는 웃고 있듯이…. 김덕배는 늦게 출발하더라도 우월한 차이로 따돌릴 수 있는, 아예 종자가 다른 놈이라고….

그러니 스포츠 토토 한국 승리에 베팅하라고…. 배당률을 보라고. 브라질 승리 쪽은 2인데, 한국 승리 쪽은 200이라고. 얼마나 대한민국을 물로 보면 이러겠냐고. 외신은 우리를 무시해도 우리는 한국을 지지해 주자고. 스포츠 토토를 열 장씩 사자고. 물론 합법적인 걸로.

M 그 사람들은 칭찬을 한 게 아니에요. 그렇게 말하면서 자신들의 무관심, 무지를 옹호한 거죠. 아니면 이득을 챙겨 가거나. 사실 칭찬을 할 때도 가져야 할 책임감이 있는데, 칭찬이라고 무조건 좋은 게 아닌데, 자기들은 좋은 일을 했다고 기뻐하면서 칭찬받은 사람이 자신을 배반하면 손가락질하죠.

⊙ 물론 저도 예전에는 저를 축구 선수로 만든 장본인… 국민거품 한국축구한테 화가 나기도 했습니다만. 지금도 정체가 누군지는 모르지만…. 아, 채연 씨도 아십니까? 이렇게 다들 알 정도로 유명한 악플러죠. 그런데 지금 생각해 보면 그 사람 말이 마냥 악플은 아닙니다.

- 내가 김덕배를 뽑으라고 했던 이유는, 그가 충실한 고등학생이었기 때문이다. 하지만 요즘은 자기가 셀럽인 줄 알고 근본을 잃어 가고 있다.

1부 근본론

저런 식으로 굴다가는 월드컵 본선에서 볼 터치
열 번도 못 하고 은퇴한 뒤, 혼자 살게 될 것이
다. 이대로 가다간 월드컵 진짜 망한다. 애들아.
기본 소득으로 토토 할 생각 말고 제발 비트코
인이나… (더 보기).[11]

이게 그 사람이 제가 월드컵 출전하기 직전에
적었던 댓글이지 말입니다. 다 사실이 됐어요.
실제로 저는 월드컵 본선에서 공 만져 보지도
못했고…. 지금 이렇게 혼자 지내고 있으니까요.

하지만 지금이 더 행복합니다.

애초에 제 근본은 축구가 아니었으니까 말입니
다. 전 특별한 존재가 아닙니다. 제 근본은 평범
함입니다. 사실 저뿐만이 아니라 모두가 선하지
도, 악하지도 않은… 그저 약한 존재이죠. 굳이
거창한 인생을 추구할 필요 없습니다. 주어진
일을 하루하루 충실히 해 나가는 것…. 그걸로
충분하지 않을까요.

M   그래도 덕배 씨는 축구가 자신의 근본이 아니
라는 걸 확신하잖아요. 체육 쪽은 명확한 기록
으로 판단하니까. 100미터를 20초에 뛴다든가.
슛을 아무리 해도 안 들어간다든가.

그런데 창작 쪽에는 그런 판단 기준이 없어요.
그래서 너무 잔인해요. 내가 누구보다 영상 매

---

11   복선입니다. 기억하세요.

체를 사랑해 가지고⋯ 10년 동안 노력했는데, 사실 나한테는 재능이 없다는 걸⋯ 이제는 알고 있는데 내려놓지 못하겠어요. 나는 리포터가 되기 위해 살아왔고 나보다 미디어를 사랑하는 사람은 없는데, 나라는 사람의 근본은 리포터인데⋯.

⊙ 그걸로 무언가를 이루겠다는 미련을 내려놓으면 됩니다. 성공에 대한 압박을 내려놓고, 남들에게 휘둘리지 말고, 스스로의 근본을 지켜 나갑시다. 채연 씨 같은 경우라면, 취미로 영상을 만들면서, 스스로를 지켜 나가면⋯.

M 아니요. 저는 취미로 할 수 없어요. 이걸로 돈을 벌어야 해요. 증명을 해야 돼요. 나 혼자 혹은 내 지인의⋯ 지인의 지인한테까지만 닿는 작업은 아무런 의미가 없어요. 더 큰 영향력이 있어야 돼요.

⊙ 왜죠?

M ⋯

⊙ 왜 그런 거죠?

M **왜냐면 내 어릴 적⋯ 하, 현타 와서 못 해 먹겠네⋯. 이건 편집하고⋯.**

[근본 없는 월드 클래스] 좆좆좆좆좆좆초안.mp4

7주 차(수업 시간)

혼란대학교. [미디어 제작 실습] 수업 시간.

다큐멘터리 〈근본 없는 월드 클래스〉가 끝났다. 강의실에는 기립 박수가 울려 퍼졌다.

"바로 이걸세."

물론 교수님 혼자 박수 쳤다. 자리에 앉은 채로. 그런데도 기립 박수인 이유는 교수님 성함이 김기립이기 때문이다. 이 책 7쪽의 강의계획서에도 적혀 있듯이.

아무튼 교수님은 뚱한 표정의 학우들 앞에서 우리 조의 작품을 칭송했다.

"내 의도가 정확히 반영됐네. 너무 기쁘다네."

교수님은 말했다. 이번 학기부터 '다른 조 기획서로 촬영'을 추진한 이유가 있다고. 그동안은 자기가 선정한 인물로 자기가 촬영하니까 자기 얘기밖에

1부 근본론

못 하는 작품들이 나왔다고. 하지만 좋은 콘텐츠란, 남 얘기하는 척하면서 자기 얘기 하는 거라고.

"A를 받아도 될 만한 작품일세."

그제야 한시름을 놓았다. 하지만 교수님의 칭찬은 가끔 도를 지나친다.

"유튜브에 올려서 더 많은 사람들이 보게 해야 되겠군."

"아니에요, 교수님. 그 정도 작품은 아닙니다."

나는 김덕배 선수 관련 영상을 과제에만 사용한다고 약속했다는 거짓말을 했으나, 오히려 교수님은 자기가 직접 김덕배 선수를 설득하겠다며 안타까운 열정을 드러내셨다. 다행히 우리 조 조원들이 뜬금없이 나를 도와줬다.

"에이… 교수님. A 받을 작품은 아니죠."

"유튜브에 올리기에도 부끄러운 작품이죠."

고맙지 않은데 고마운 놈들…. 하지만 그 반응에 오기가 생겼는지 교수님은 다른 조 학우들에게까지 대답을 강요했다. A 받을 작품 맞지 않냐고. 채연이랑 김덕배 쌍쌍바로 불쌍한 거 너무 예술적이지 않냐고. 실패자들의 열정이 느껴지는 순수예술이라고. 거기 너. 김덕배 기획서를 제출했던 Yellow 조 조장. 이런 걸 기대한 거 맞지 않느냐고.

"아닌데요."

"질투하지 마시게. 너네도 열심히 하면 A 받을 수 있다네."

"저 새끼 우리 집안 풍비박산 낸 새끼예요!"

Yellow조 조장은 갑자기 흥분했다. 삿대질을 하면서 스크린 속 김덕배를 가리켰다. 물론 가짜 김덕배일 뿐이지만…. Yellow조 조장은 마치 지지난 주의 교수님처럼, 김덕배와 얽힌 자신의 과거사를 풀어냈다.

10년 전.

Yellow조 조장이 초등학생이었을 때, 그에게는 저금통이 하나 있었단다. 거기에다가 다섯 살 때 받은 세뱃돈부터 학교 친구들 삥 뜯은 돈까지 차곡차곡 모아 뒀단다.

그런데 어느 날. 그의 아버지가 뜬금없이 저금통을 열자고 했다. 이유를 묻는 Yellow조 조장에게 아버지는 역대급 투자 기회가 나왔다고 했다. 주식이나 비트코인 얘기할 거면 나가서 메로나 사 오라는 Yellow조 조장의 말에 아버지는 빙그레 웃었다.

"아니. 축구야."
"축구요?"

그의 아버지는 전단지를 내밀었다. 수많은 월드컵 경기들의 배당률이 고지돼 있었다. 두 배, 세 배, 많으면 네 배라는 배당률 사이에… 눈에 띄는 세 자리 수가 있었다.

브라질 승리 2배 / 한국 승리 200배
잉글랜드 승리 1.8배 / 한국 승리 200배

1부 근본론

"이… 이건…!"

"그래…, 아들아…."

아버지가 저금통을 가져갔지만 Yellow조 조장은 말리지 않았다.

"우리 축구로 부자 될 수 있어…."

언제까지 LH 임대주택에서 살래…. 언제까지 마트 갈 때 봉지값 100원 아끼려고 귀찮게 장바구니 챙길래…. 언제까지 택시 잡다가 모범택시 오면 손 내릴래…. 언제까지 500원 아까워서 부리또 닭고기 토핑으로 먹을래…. 너도 소고기에 새우 추가하고 싶잖아….

하지만 추가하고 싶어도… 부동산은 씨가 말랐고… 주식은 사재기 당했고… 비트코인은 가진 애들만 더 가지고… 주식은 끝물… 적금 금리는 0.02%… 사법 고시는 로스쿨로 전환된 지 오래… 고령화 시대라서 너 취직 준비할 때 인턴 자리는 전부 시니어 인턴한테 돌아갈걸…. 연예계는 고려 시대 음서제처럼 연예인 부모를 둔 자식을 그대로 캐스팅하고… 이런 시대 사는 서민에게 준다는 게 고작 기본 소득 몇 백만 원…. 더 나은 삶을 살 수 없다면 왜 숨 쉬겠니…. 그러니 아들아…. 자, 이제 그 세뱃돈을 내게 넘겨….

"알았어요, 아빠. 대한민국 축구 팀을 믿어 볼게요!"

그렇게 Yellow조 조장네 가족은 처음 수령한 기본 소득 및 전 재산을 3등분해 각각의 경기에서 대한민국이 승리한다는 데 베팅했단다. 성공한다면 투자했던 금액의 200배가 돌아온다. 브라질, 잉글랜드는 몰라도 코트디부아르는 이기겠지. 마치 2014년 월드컵 때 우리나라 네티즌들이 러시아, 벨기에는 몰라도 알제리는 무조건 이길 거라고 했던 것처럼 Yellow조 조장네 가족은 근거 없는 자신감으로 가득 차 있었다.

하지만 아시다시피 대한민국 대표 팀은 2030 월드컵 본선에서 단 한 경기도 승리하지 못했다.

김덕배가 헛발질 한 번 할 때마다 오열하던 어머니…. 워킹 홀리데이 나이 제한 알아보던 아버지…. Yellow조 조장은 아직도 그때의 참담함을 기억한단다. 그렇기에 자신의 가족을 기본 소득으로만 먹고살아야 하는 처지로 몰아넣은 장본인인 김덕배가 미화되는 건 도저히 좌시할 수 없다고.

"교수님도 유튜브에 영상 올릴 생각 마요. 나 같은 피해자들 희롱하는 거야."
"흐음…. 하지만 어쩌나…."
"뭐가 어째요."
"수업 들어오기 전에 이미 올렸다네…."
"예?"
"자, 오늘 수업은 이걸로 끝일세!"

1부 근본론

'근본 없는 월드 클래스' 김덕배 근황…
통장은 가난해도 마음은 부유해요!

실시간 급상승 동영상 / 1시간 전

진짜 교수님 미친놈이다. 이번에는 말이 심했다는 생각도 들지 않는다. 김기립 교수님이 학생들 과제를 자기 유튜브에 업로드해서 조회 수 다 빨아먹는다는 욕을 선배들한테 들었을 때만 해도 이 정도일 줄 몰랐다.

말도 안 하고 올리다니.

조회 수는 초 단위로 수직 상승하고 있다. 댓글도 무진장 달리고 있다. 어쩐지 아까부터 내 휴대폰도 계속 진동하더라. 확인해 보니까 공 회장님과 감 감독님한테서 부재 중 전화와 문자가 수십 통이 와 있다. 도대체 김덕배를 어디에서 만났냐고 성화였다.

- 흥신소에서도 못 찾았는데… 역시 열정이 있으니까 찾네. 채연이 너 근본이었구나.
- 채연 양. 두 시간 만에 조회 수 20만이라니. 자네 근본이었소?

요약하자면 자기들도 근본 찾게 김덕배 번호 좀 알려 달라는 거였다. 하지만 알려 줄 수 없다. 애초에 알지 못하니까. 일이 더 커지기 전에 동영상 게시를 당장 중단시켜야 한다. 내 오랜 한국 사회 호크아이 경험으로 판단하건대, 여기에서 지랄 안 하면 나만 호구 된다.

그래서 당장 교수님의 연구실로 찾아가 동영상 내리라고 요구했다.

"어허. 자네 작품이라고 원작자 표시도 했는데 왜 그러나."

"김덕배 씨가 반대했다니까요…."

"… 엣, 흠. 어차피 늦었다네. 영상 다 퍼 갔거든."

"네?"

이미 다른 유투버들이 교수님의 영상을 불펌해서 자신들의 채널에 업로드했다. 그러니 교수님이 영상을 내린다고 '근본 없는 월드 클래스.mp4'가 사라지는 게 아니다. 마치 내가 인스타그램 포스팅을 삭제해도 그게 곳곳에 박제된 채로 남아 있듯, 인터넷에 한번 올린 게시물은 더 이상 본인 소유물이 아니다. 공공재다. 그리고 한번 공공재 돼 본 사람으로서 나는 앞으로 닥칠 일이 걱정됐다. 쿵쿵쿵. 가슴 뛰는 소리까지 들릴 지경이었다.

그런데 자세히 들어 보니 심장 박동이 아니었다. 창밖에서 외제 차 배기음이 들려오고 있었다. 어쩐지. 나 부정맥 없는데 박자가 엇박이더라. 아무튼 엔진 소리 요란한 걸 보니 차주가 개념 없는 놈인 듯해서, 부디 나와 마주칠 일 없기를 바랐다.

다음 순간. 류연웅 소설의 한 장면처럼 뜬금없이 문이 열리고 요란하게 생긴 남자가 나타났다. 손에는 외제 차 키가 들려 있었다. 목에는 닥터 드레 헤드셋. 온몸을 명품으로 휘감은 그는 조금쯤 외국 래퍼처럼 보였다. 저런 분이 왜 이런 누추한 곳에… 라는 생각이 들기도 전에 그는 우리에게로 한 발짝 다가왔다. 그리고 물었다.

"당신이 김기립 교수입니까?"
"그렇다네."
"한채연 학생 어디 있습니까?"
"엇, 잠시만."

교수님은 갑자기 입을 가리며 놀랐고, 이렇게 말했다.

"다… 당신은… 비트 메이커 김덕화 씨?"
"빨리 대답하시오. 한채연 어디 있냐고."

*

김덕화 씨라는 사람 덕분에 나는 생애 처음으로 외제 차를 타 봤다.

하지만 지금 중요한 건 외제 차가 아니다. 내 옆에 계신 분의 정체다. 도대체 왜 나를 찾아오신 걸까. 왜 찾아와 놓고 말없이 운전만 하고 있는지도 모르겠다. 나에게 부탁할 것과 사과할 게 있다는데 내용은 그다지 궁금하지 않다. 내 주의를 끄는 건 곳곳에 놓인 명품 열쇠고리와 금괴다. 이 사람 비트

1부 근본론

메이커라는데… 어떻게 음악으로 갑부가 된 거지? 어떻게 하면 저렇게 살 수 있을까? 한국 사회에는 참 많다. 뭐 하는지 모르겠는데 아무튼 돈은 많은 수수께끼의 어른들이.

그 반대편에는 참으로 확실하게 돈이 없고 답도 없는 애들이 있다. …나다. 월세도 밀렸고, 관리비도 밀렸고, 학자금 대출 상환까지 밀려 있다. 사실 내가 지금 여기 와 있는 이유도 순전히 돈이 없기 때문이다.

돈이 있었으면 애초에 대학교에 갈 필요가 없었을 테니까.

그리고 대학교 다니면서 생긴 빚을 갚기 위해 나는 지금 억지로 질문을 한다. 아무튼 이 사람과의 일을 빨리 끝내고 동네 가서 아르바이트 해야 되니까.

"저… 김덕배 씨랑은 무슨 사이인 거예요?

"내 아들입니다….

"예?"

그 말을 듣자마자 아르바이트 하러 가기는 글렀다 싶었다. 오늘도 펑크 내면 해고한댔는데…. 무려 1:40의 경쟁률을 뚫고 합격한 롯데리아 아르바이트인데…. 아저씨가 주절주절 이야기를 시작했다. 축구가 5대 사회악에 포함된 이후로 아들을 본 적이 없다고. 10년째라고. 아마도 아들이 자신에게 미안해서 자꾸만 피하는 모양이라고.

그러던 중에 아저씨는 내 다큐멘터리 〈근본 없는 월드 클래스〉를 봤고, 진심으로 감동했단다. 덕배가 자신에게 표현하지 않았을 뿐… 근본 있게 살고 있었구나. 나와의 인터뷰를 통해 아들에게 응원과 사과의 말을 전하고 싶다는 게 그의 용건이었다. 더불어 나에게도 사과하고 싶단다.

"저한테 무슨 사과를…"

"나는 덕배의 아버지이지만… 국민거품 한국축구이기도 하니까…."

단번에 기억해 내지는 못했다. 하지만 오래전 기억을 불러오는 데 약간의 시간이 필요했을 뿐, 나는 결단코 잊은 적이 없다. 미디어 소녀는 근본을 잃었다던 댓글. 김덕화 아저씨도 그 가해를 기억하는지, 적극적으로 해명을 했다. 자신이 단 댓글의 요지는 비트코인 홍보였다고. 이 책 46, 64쪽 댓글의 '더보기'를 눌러 보면 알 거라고. 그러거나 말거나. 내 마음은 변하지 않는다.

잡았다, 요놈.

모욕죄의 법정형은 5년 이하의 징역이나 금고 또는 2000만 원 이하의 벌금이다. 그러니 아르바이트 잘려도 되겠구나. 합의금 최소 2000만 원부터 시작하자, 라고 내가 생각하는데, 갑자기 아저씨가 질문했다.

"혹시 아이폰 쓰나?"

1부 근본론

"갤럭시 폴더요."

아저씨가 주머니에서 휴대폰을 꺼냈다. 내 것과 마찬가지로 갤럭시 기종이었다. 이윽고 아저씨는 휴대폰을 흔들기 시작했고, 동시에 내 휴대폰이 진동했다.

"확인해 봐."

확인해 보니까… 뭐야. 삼성 페이로 2000만 원이 입금돼 있었다. 독심술 전공하셨나. 통장에 찍힌 숫자를 보자마자 아르바이트는 무슨, 그를 고발하고 싶었던 마음도 사라졌다.

"근데 이 돈을 왜 저한테…."
"촬영비라고 생각해 주렴."

나의 태도는 나조차 놀랄 만큼 협조적으로 바뀌었다. 다음 주에 자신의 녹음실에서 촬영을 하자는 아저씨의 말에 말없이 고개를 끄덕였다.

마음은 여전히 찜찜했다. 아무튼 거짓말을 하고 있는 상황이니까. 하지만 이 기회에 김덕배를 만나서 협조 요청을 받는다면 모든 일은 잘 풀릴 것이다. 나는 김덕화 아저씨에게 다음 주에 만날 때 김덕배를 데려와 주실 수 있냐고 물었다. 만약 곤란하시면 저에게 김덕배 번호 알려 달라고. 제가 인터뷰 이후로 번호를 지워서 지금 안 갖고 있다고.

"무슨 소리 하는 거야."

아저씨는 의아한 표정을 지었다.

"덕배가 어떻게 와. 걔 축구 근절 센터에 갇혀 있

잖아."

"… 축구… 근절…… 센터…?"

"너 거기 가서 인터뷰하고 온 거 아니야?"

"하…. 진짜 죄송합니다…. 다 솔직히 말씀드릴게
요…. 저 김덕배 씨 만난 적 없어요."

1부 근본론

8주 차(인터뷰)

김덕화 비트 메이커와의 대화.

M ⋯⋯⋯.

⊙ ⋯⋯.

M ⋯⋯⋯⋯.

⊙ ⋯⋯⋯.

M ⋯⋯⋯⋯.

⊙ ⋯⋯.

M ⋯⋯⋯⋯⋯⋯.

⊙ ⋯⋯ 잠깐만. 이러면 시청자분들이 오해할 수

있으니까. 채연이가 설명 좀 해 주지~?

M 아, 네. 저희는 지금 아무 말 안 하고 있는 게 아니고, 힙합 작곡가 김덕화 님 녹음실에서 2020년쯤에 갑자기 유행한 '4대악 예방 프로그램-멈춰!'[12]를 보고 있습니다.

⦿ 잠깐만. 힙합 작곡가라니 뭔 소리야.

M 예? 비트 만들어서 부자 되신 거 아니었어요?

⦿ 뭔 소리야. 내가 다루는 건 비트코인인데.

M ··············.

⦿ ···.

M ············· 아, 이거는 아무 말 안 하고 있는 상황이 맞습니다.

⦿ ··· 아무튼 내가 이 영상을 보여 준 이유는··· 그만큼 과거의 대한민국이 혼탁했다, 4대 사회악이 넘치는··· 혐오의 제국이었다, 이거야. 부모는 애 패고··· 맞은 애는 학교에서 다른 애 패고··· 연예인들은 몸매 평가 받다가 우울증 걸리고··· 우울해서 불량 식품 먹다가 욕도 먹고···.

----

12 *진짜입니다. 검색해 보세요.*

1부 근본론

이런 시대를 끝낸답시고 정부에서 만든 정책이 방금 내가 보여 준 "멈춰!"였다….

최근 심각해진 학교 폭력을 예방하기 위한 방안으로 '멈춰!' 프로그램이 주목받고 있습니다. 폭력이 발생할 시 다 함께 "멈춰!"를 외치자는 내용의 프로그램입니다.

정부는 이 프로그램을 단순히 학교 폭력뿐만이 아니라 다른 죄악들 즉 가정 폭력, 성폭력, 불량식품 문제에도 도입하겠다고 발표했습니다. 그러니 여러분. 혹시 클럽에서 룸 잘못 들어갔는데 거기서 연예인이 대마초 꽃다발로 프러포즈하고 있다면 외치십시오.

멈춰!

그 정책 소개 영상이 올라온 문화체육관광부 유튜브에 과거의 나는 댓글을 달았지.

- 니들이나 멈춰;

당해 봐서 알겠지만… 나는 유명한 악플러였거든. 사실 악플러라고 하기에는 뭐 해. 쓰읍… 정확히 표현하자면… 팩트 수호자? 노블레스 오블리주 같은 거야. 〈배트맨〉 보면 낮에는 부자 인플루언서로 활동하는 브루스 웨인이 밤에는 온몸을 검게 뒤덮고 도시를 돌아다니잖아. 나도 똑같아.

낮에는 오프라인에서 생활을 하지. 비트코인으로 돈 버는 법 강연을 하러 간다. 거기에서 몇천만 원을 몇백억 원으로 만든 나의 노하우를 전수한다.

밤에는 온라인상에서 악의 무리와 싸운다. 물론 진짜로 맞짱을 뜬다는 얘기는 아니야. 댓글을 달며 열심히 사회 정의를 지켜 나간다는 거지. 익명의 힘을 빌려서.

- 니들 이따구로 할 거면 차라리 불곡고등학교 3학년 1반 김덕배 뽑아라.

그 댓글을 적었을 때도 정의를 바로 세워야겠다는 심정이었어. 한국 축구는 실력보다는 투혼인데… 국가 대표 선수들이 말이야…. 설렁설렁 걷기나 하고…. 중국한테도 지고…. 하는 수 없군. 내가 정신력을 깨워 줘야겠다. 당근보다 채찍이다. 그 심정으로 적었던 댓글이었어.

근데… 진짜 덕배를 뽑더라?

처음에는 당황했어. 이야…. 한국 축구 협회 놈들…. 하도 지랄해 대니까 미쳐 버린 건가…. 하지만 시간이 지나고 나니… 덕배가 어렸을 때 축구 선수 되고 싶어 했거든. 오히려 잘됐다. 우리 아들 꿈을 이뤘구나. 나는 꿈을 이뤄 준 아버지이구나. 비록 아들한테 "내가 너를 추천한 국민거품 한국축구다!"라고 말할 수는 없었지만

1부 근본론

축구를 시켜 줬지. 그런데…

"아빠…. 혹시 위약금 좀 대신 내 주시면 안 되나요?"

"뭔 소리냐."

"아빠, 돈 많잖아요."

이미 덕배가 경기에 뛰는 조건으로 체결된 스폰서 계약이 많아서, 그걸 해지하지 않는 이상 자신은 무조건 경기를 뛰어야 한다는 거야. 나, 참. 어이가 없었다. 이 새끼…. 어렸을 때 축구하고 싶다고 나한테 대들어 놓고… 막상 축구하게 되니까 왜 그래…. 그렇게 나는 덕배를 궁지로 내몰았고… 덕배는 월드컵에서 헛발질을 했고… 그러는 동안에도 한국 축구 협회는 나 몰라라 덕배를 방치했고… 공항에서 내 아들 김덕배가 처맞는 동안에도… 이 책 55쪽에 적혀 있는 복선처럼… 말리는 대신 "멈춰!"라고 소리만 쳐 댔지….

덕분에 내 아들은 온몸에 피멍이 든 채로 집에 돌아왔어…. 국가에서 폭행범들을 응징해 주기를 바랐는데…. 오히려 대통령은 기자회견에서 이렇게 말하더군.

"앞으로… 축구, 멈춰!"

곧바로 조취가 취해졌어. 4대 악이 5대 악으로 늘어났지. 새로 추가된 사회악인 축구를 특별히 관리하기 위해 세금으로 축구 근절 센터를 설립

한 정부는 그곳에 덕배를 포함한 2030 월드컵 출전 선수들을 모조리 가둬 버렸어…. 그리고 포털 사이트에서 그들의 존재를 지웠지. 덕배가 〈아이돌 육상 대회〉에 참가했다는 정보도 함께 삭제됐고.

그로부터 10년이 훌쩍 지났어. 그 사이에 내 재산은 더 불어났어. 돈을 갖고 있기만 해도 돈이 벌려. 하지만 이것들은 나에게 더 이상 감흥을 주지 않아. 사는 데 돈은… 하나도 중요하지 않아.[13] 이제 나는 알아. 삶의 근본은 사랑이다. 그 중에서도 특히 가족의 사랑. 축구 근절 센터에 갇혀 있는 덕배가… 이제는 밖으로 나와서 나와 함께 소소한 일상을 즐기길 바란다.

지난 나의 젊은 시절에… 내 아들과 보낸 시간이 없다는 게 너무 서글프다…. 우리 사이가 얼마나 멀어졌는지…. 아들은 내가 축구 근절 센터에 찾아가도 면회를 거절해…. 내가 아무리 많은 돈을 써도 그 서먹함을 사라지게 할 수는 없을 거다…. 돈으로 젊음을 살 수 없다는 말이 왜 있겠어. 하지만 돈으로 젊음은 못 사도… 젊은이는 살 수 있잖아.

그러니 내가 너를 사고 싶다. 미디어 소녀. 너

---

13 복선입니다. 기억하세요.

한테는 재능이 있잖아. 〈근본 없는 월드 클래스〉의 김덕배가 가짜 김덕배였던 거? 그런 건 중요치 않아. 아무튼 중요한 건 속이는 데 성공했다는 거야. 나를 깜빡 속였듯이, 모두를 깜빡 속였듯이, 다시 한번 모두를 속일 수 있어. 자, 받아라.

M **이게… 뭔데요?**

⊙ 이건 한도 없는 카드이고, 그건 OTP 카드야. 천만 원 이상 쓸 일 생기면 OTP 카드에 뜨는 번호 보고 인증해. 제작비이자 수고비다. 마음껏 써. 대신 축구에 씌워진 누명을 벗겨 줘. 그리고 내 아들 덕배를 구해 줘. 미디어 소녀잖아. 미디어가 할 수 있어. 인식을 개선할 수 있어. 축구를 사회악에서 제외시켜서, 축구 근절 센터도 없애고, 덕배를 비롯한 축구인들을 그곳에서 꺼낼 수 있어. 오로지 미디어만이 할 수 있는 일이야.

그러니 자, 받아. 내 차는 주차장에 두 대 더 있으니까, 차 키 받아. 에이, 거절하지 말라니까. 이런 거를 타고 다녀야 사람들이 인터뷰도 잘해 주고 그러는 거야. 받으래도? 어허~

M **저, 감사한데 저한테는… 면허가 없어요….**

⊙ …….

M ······.

⊙ 쓰읍···. 미디어 소녀. 실망인데.

M **죄송합니다···. 이 나이 먹도록···.**

⊙ 그게 아니라··· 운전을 직접 할 생각을 했다니.
실망인데?

Holy moly

2부 근절론

9주 차(수업 시간)

Yellow조 작품 피드백.

학생 식당에서 밥을 먹는데 누군가 내 앞에 섰다.

"돌아온 미디어 소녀. 안녕?"

Yellow조 조장이었다. 그나저나 나 진짜 아무한
테도 말 안 했는데. 어떻게 얘까지 알고 있는 걸까.
알려진 게 뭐냐면… 내가 다음 달… 그러니까 수업
12주 차에 〈돌아온 동상이몽〉에 출연하기로 했다는
사실이다. 김기립 교수님이 유튜브에 올린 ['근본 없
는 월드 클래스' 김덕배 근황… 통장은 가난해도 마
음은 부유해요!]가 조회 수 300만을 달성한 덕분이
다. 그 영상 속에는 인천 공항 난투극 사건을 비롯해
10년 전 혼탁했던 대한민국의 모습이 들어 있다.

하지만 시간이 지나 김덕배는 성장했고, 근본 충
만해진 자신의 태도를 드러냈다. 물론 가짜 김덕배

2부 근절론

이지만, 아무튼 사람들은 감동했다. 그게 중요했다.

- 다시 대한민국 대표 팀이 월드컵 나가는 거 보고 싶다…. 축구가 그립다….
- 그때 선수들 작작 깔걸…. 내가 미안해요 덕배 선수~

덕분에 나까지 재조명 받았다.

- 이걸 만든 미디어 소녀도 멋지네.
- 브이로그 다시 시작해 주세요ㅠㅠ 얼굴 궁금하다.

그리고 거짓말처럼 방송 작가님으로부터 전화가 걸려 왔다. 5년 전, 나를 〈동상이몽〉에 불렀던 그 번호였다. 폴더 폰을 열어 전화를 받자마자 나는 열아홉 살 때로 돌아간 기분이 들었다. 프로그램명이 '동상이몽'에서 '돌아온 동상이몽'이 되었다는 것과 내가 나이를 다섯 살 더 먹었다는 것 빼고는 모든 게 그대로였다. 기대된다는 작가님의 말. 열심히 하겠다는 나의 대답. 덕분에 김덕배 닮은 선홍빛 잇몸 웃음이 아니라 진짜 웃음이 나온다.

^=^

"야, 돌아온 미디어 소녀. 안녕이라고."

요즘 인생이 왜 이렇게 잘 풀릴까. 지금 내 앞에서 얼굴 붉히고 있는 Yellow조 조장마저도 좀 귀여워 보인다. 나도 귀엽게 인사를 받아 줬다.

"어, 그래, 안녕~"

"안녕이라는 말이 나오냐? 나랑 해보겠다 이거지?"

"뭘 하는데? 축구?"

"헉, 재밌겠다. 오랜만에 축구나 할까? 안 내면 골키퍼, 가위바위~보!"

가위를 내면서 해맑게 웃던 Yellow조 조장은 이내 정신을 차리고 소리를 질렀다.

"네가 분위기 파악을 못 하니까 나까지 헷갈리잖아! 나 지금 화났다고!"

"난 지금 다 먹었어."

나는 잔반을 버리기 위해 자리에서 일어났다. 등 뒤에서 Yellow조 조장의 구시렁거리는 소리가 들려왔다.

"진짜 법이 없다면 패고 싶다."

순간적으로 욱했지만, 지금 나는 잃을 게 있는 몸이다. 여기에서 못 참고 덤빈다면 〈돌아온 동상이몽〉 섭외도 끊길 거고, 내 개인 유튜브 영상들이 재조명되고 있는 최근의 분위기도 다 사라질 거다. 그래서

忍

忍

忍

2부 근절론

'참을 인'을 세 번 소비해 살인 한 번을 면했다. 화를 참았다. 그리고 씩씩거리는 Yellow조 조장을 무시한 채 잔반을 버리러 갔다. 휴. 나의 '참을 인' 쿨 타임은 일주일이니까, 부디 3주 안에 내가 화낼 일이 다시 생기지 않기를 바란다.

강의실로 이동 후 수업 시작

"자, 수업 시작하겠네. 오늘 발표는… Yellow조 가 하게 된다네."

교수님의 지시에 따라 Yellow조 조장과 조원들 이 앞으로 나왔다. Yellow조가 맡은 인물은 내가 제 시했던 하윤주였다. 과연 어떤 내용을 담았을까 궁 금했는데, 이윽고 재생된 영상에는 뜬금없이 내가 등장했다.

- 2년간 유명 연예인 하윤주 씨를 스토킹한 24세 대학생 한 모 씨?!

물론 얼굴에 모자이크가 돼 있긴 했지만 누가 봐도 나였다. 그 위로 하윤주 씨의 목소리가 흘러나왔다.

⊙ 〈동상이몽〉 방송에 미디어 소녀가 나왔을 때 제 가 게스트로 출연했죠. 워낙 기특해서 방송 끝 나고 번호를 교환했어요. 몇 번 만나 보니까 열 정적인 친구여서… 제가 먼저 같이 콘텐츠를 만 들어 보자고 제안했어요.

그래서 같이 몇 달 동안 함께 다큐멘터리를 만

들었어요. 나를 주제로 한 다큐멘터리였죠. 내 가정사를 많이 이야기했어요 엄마가 연예인 못 하게 했던 이야기… 가출하고 연영과 갔던 이야기 등등 했는데…. 완성된 작품이 별로였죠.

내가 굳이 책임져야 할 이유는 없잖아요? 그런데 걔는 저한테 지겹게 달라붙었어요. 전남친도 아닌 주제에 전남친처럼요. 얼마나 시달렸는지 몰라요.

"다들 감상을 얘기해 보시게~"

다큐멘터리가 끝나자 교수님은 진행을 했다. 평상시라면 다들 아무 말 없이 휴대폰만 쳐다봤겠지만, 오늘은 일제히 나를 쳐다봤다.

나는 충분히 반박할 수 있었다.

〈동상이몽〉 방송 끝나고 먼저 번호를 교환하자고 한 사람은 하윤주 씨였다고. 나보다 나이가 스무 살 더 많은데도 언니라고 부르라고 할 정도로 살갑게 대했다고. 나는 열심히 다큐멘터리 만들었는데, 갑자기 하윤주 씨가 일방적으로 연락을 받지 않았다고. 하지만 아무도 궁금해하지 않을 이야기라 말하지 않았다.

"다들 무슨 생각하고 있을지 알아요."

대신 자리에서 일어나 이런 말을 했다.

"나도 저때의 내가 부끄러워요. …그때의 나는… 저분이 말씀하신 것처럼…전남친 같았죠. 우리가

2부 근절론

헤어진 전남친이나 전여친한테 구질구질하게 달라붙는 이유가 뭘까요. 새로운 대안이 없기 때문이잖아요. 하지만 다들 그 집착이 사랑이라고 착각하죠. 나한테 너밖에 없다는 말을 하면서…. 그때의 제가 딱 그랬어요. 대안이 없는 줄 알았죠."

답을 주지 않는 하윤주 씨에게 이틀에 한 번씩 문자나 전화를 했던 기억이 난다. 혹시 사고를 당했나, 하는 걱정 때문이기도 했지만… 솔직한 마음으로는 내 계획이 망가지는 게 제일 두려웠다. 나는 저 사람의 다큐멘터리로 떠야 하는데. 저 사람의 인스타그램 팔로워를 내가 흡수해야 하는데.

결국 흡수하지 못했지. 하지만 인생은 참 아이러니하다. 그때는 구질구질하게 노력해도 얻지 못했던 걸, 이제는 우연히 생긴 기회를 통해 거머쥐고 있다. 김덕배라는 이름이 적힌 쪽지를 뽑을 때만 해도 이런 일이 생길 줄 몰랐다. 지금 나는 몇백만 원씩 긁어도 상관없는 카드를 갖고 있고, 내 유튜브 채널 구독자는 나날이 늘어 간다. 〈돌아온 동상이몽〉은 물론, 〈류 퀴즈 온 더 블록〉 등의 예능 프로그램에서 섭외가 들어온다.

겪어 보니까 알겠다.

돈은 중요한 게 아니다. 명예는 중요한 게 아니다. 다만 한 번쯤 가져 보면 좋은 거다. 대학교 같은 거다. 한번 와 보면 좋지. 그러나 온다고 해서 크게 달라지는 건 없다. 못 온다고 해서 굶어 죽거나 무조건 불행해지지도 않는다. 어떻게 보면 이건 내가 옛날부터 전하고 싶던 메시지였다. 나는 돈, 명예보다 소통이 중요하다는 걸 전하는 리포터가 되고 싶었으니까.

하지만 "대학에 가지 않아도 괜찮다!"라는 메시지를 서울대학교 학생이 말할 때와 대학교에 안 간 사람이 말할 때 받게 되는 느낌이 다르듯, 돈이 중요하지 않다는 메시지를 돈이 없는 사람이 전할 때와 있는 사람이 전할 때 받게 되는 느낌이 다르다.

듣는 사람뿐만이 아니라 말하는 사람도 차이를 느낀다.

나는 이제 달라졌다. 예전처럼 남들에게 달라붙지 않고 스스로의 힘으로 하고 싶은 말을 전할 수 있다. 학우들에게 〈동상이몽〉 시절에 대한 반성을 토로했다. 동시에 〈돌아온 동상이몽〉을 보러 와 달라고 부탁했다. 12주 차, 원래 우리 조가 발표하기로 했던 주에 방송국 스튜디오에서 다큐멘터리를 상영하기로 했다고. 현장 수업 어떠냐고.

"잠시만, 학부생! 지금은 Yellow조 발표를 먼저 끝내세."

"아, 네…. 죄송합니다."

나는 자리에 앉았다.

"감상에 대한 감상을 해 보실 학우 있는가?"

교수님은 마저 진행을 했다. 누군가 손을 들었다.

2부 근절론

Blue조 조장이었다.

"그래. 자네. 말해 보게."

"채연 학우님. 아까부터 신경 쓰였는데, 청바지에 걸려 있는 자동차 키… 혹시 슈퍼카 열쇠인가요?"

"아… 네. 맞는데요…."

수십 명이 동시에 "우~와!"라고 합창했다. Blue조 조장이 제일 호들갑이었다.

"호, 혹시… 다음 주에 저희 조가 취재 가는데 빌려주실 수 있나요? 슈퍼카라면 휴전선도 뚫을 수 있잖아요!"

"제 차가 아니라서. 죄송합니다."

"아…."

Blue조 조장이 너무 상심한 기색을 보여서 나는 미안해졌다. 그치만… 어차피 이 차는 2인승이라서 조원들 다 못 탈 텐데…. 아무튼 수업은 계속해서 진행됐다.

"질문 더 없나? 그러면 오늘 수업은 이걸로 끝내겠네."

10주 차(현장 체험 실습)

축구 근절 센터.

감 감독님과 공 회장님은 축구 근절 센터 입구에서 기다리고 있었다.

나와 김덕화 아저씨는 슈퍼카에서 내려 그들에게로 갔다. 공 회장님이 나에게 달려왔다. 〈근본 없는 월드 클래스〉 덕분에 공공 가시오가피 크라우드 펀딩에 성공했다며 인사했다.

아… 성공했다니…. 그러면 내가 후원하기로 한 금액이 자동이체됐겠군….

이런 내 생각을 읽기라도 한 듯, 공 회장님은 나에게 텀블러를 건넸다. 얼리 버드 후원자들에게 주는 사은품이었다. 내가 텀블러를 구경하는 사이, 감 감독님과 김덕화 아저씨는 김덕배에 대한 얘기를 나눴다.

"내 아들 덕배가… 10년째 이 안에 있습니다. 한국 축구 때문이죠."

"허허. 다 옛날얘기 아닙니까."

이윽고 우리는 축구 근절 센터 안으로 들어갔다. 축구와 관련된 활동을 하다가 걸린 사람들은 여기에 수용된다. 수용된 자들은 스스로 출소할 때를 정할 수 있다. 자기 내면의 축구에 대한 열정이 다 씻겨 내려갔다는 판단이 들면 알아서 출소하면 된다.

그런데 김덕배는 10년째 나오지 않고 있다. 어쩌면 자책을 하는 걸까. 만약 그렇다면 그대의 잘못이 아니었노라고 말해 주기 위해 우리는 지금 이곳에 왔고, 축구 경기 사진이 걸려 있는 복도를 통해 이동 중이다.

을용타 사진.
천수타 사진.
'축구는 난폭한 스포츠입니다.'라는 글귀.

나는 이동하는 내내 눈앞의 광경을 액션 캠으로 촬영했다. 촬영분은 모두 〈근본 없는 월드 클래스〉 완성본에 담길 거고, 나는 이를 다다음 주에 있을 〈돌아온 동상이몽〉 촬영에서 공개할 거다.

악자로 치부된 약자 김덕배를 구해 달라고 말하기 위해.

고작 축구 한 번 못했다고 이런 곳에 있는 게 말이 되냐고. 축구는 사회악이 아니라고 얘기할 것이다. 분명 감 감독님과 공 회장님도 그 뜻을 함께 전파하기 위해 이곳에 와 있는 것이리라. 나는 곧 진짜 김덕배를 만날 생각에 긴장을 했다.

"저… 근데 어쩌죠."

축구 근절 센터 교도관이 말했다.

"김덕배 씨가 또 면회 거부를 하셨는데요."

"그럼 못 만나는 거야?"

"예."

"에이…. 그러지 말고, 부탁할게."

김덕화 아저씨가 교도관에게 돈뭉치를 찔러 넣으려 했지만, 그는 완강하게 거절했다.

"안 됩니다."

솔직히 나는 이대로 돌아가도 상관없다. 학교에 공결 처리 요청하고 수업 땡땡이쳤으니까.

하지만 김덕화 아저씨는 아쉬운 표정을 지었다. 아들과 같은 공간에 있는데도 만나지 못한다니 발걸음이 떨어지지 않는 모양이었다.

기왕 여기까지 온 김에 축구 근절 센터를 둘러보기로 했다. 세기말 같은 분위기의 복도를 걸으면서 나는 액션 캠으로 촬영을 했다. 얼핏 보기에 축구 근절 센터는 고등학교와 비슷한 점이 많았다. 그 안에 있는 사람들이 똑같은 옷을 입고 똑같은 음식을

2부 근절론

먹으면서 지내는 획일화된 공간이다.

이곳에서 누군가는 사회에 융화되지 못하는 스스로의 취향을 죽인다.

얼핏 듣기에는 '주입식 교육'처럼 끔찍한 말인데… 복도를 걸어 다니는 수감자들의 표정은 이상하게도 다들 행복해 보였다. 나도 고등학생 때 저 표정을 지은 적 있다. 그때는 대학교에만 가면 뭐든 다 달라질 거라고 생각하면서 기대에 차 있었다. 물론 실제로는 안 달라졌지만.

그렇다면 저들은 무얼 기대하고 있는 걸까. 잠시 고민해 봤지만 그 질문에 대한 답은 내 미래와 관련 없으므로, 그쯤에서 생각을 접고 나는 액션 캠을 집어넣었다. 그리고 집에 가려는데 감 감독님과 공 회장님은 자리에서 일어나지를 않았다.

"두 분 안 가세요?"

"뭔 소리야. 아직 일 시작도 안 했는데."

"네? 무슨 일요?"

"우리 강연하러 왔잖아."

근절 홍보 대사로서의 책임을 다하기 위해 둘은 밤새 PPT까지 만들었단다.

"잠시만요. 근절 홍보 대사는 또 언제 됐어요?"

"엊그제 됐지. 미디어 소녀, 네 덕분에!"

감 감독님은 옷깃에 있는 붉은색 배지를 보여 줬다. 배지에는 파란색으로 근-절이라고 적혀 있었다.

나는 그게 감 감독님과 공 회장님이 화해한 기념으로 맞춘 우정 배지인 줄 알았는데, 근절 홍보 대사 배지였구나. 공 회장님은 다 내 덕분이라며 뒤늦게 고맙다고 말했다.

['근본 없는 월드 클래스' 김덕배 근황… 통장은 가난해도 마음은 부유해요!]

그 영상이 없었다면… 10년 전의 대한민국이 재조명되지 않았을 테니까.

내가 지난 주에 말했듯이, 당시 대한민국은 혼탁했다. 온갖 욕망이 넘치는 시절이었다. 다들 한탕 해 보겠다면서 주식, 비트코인, 가상 화폐에 미쳐 있었다. 그 욕망이 최고조로 치솟게 된 계기가 2030 월드컵이었다. 대한민국 대표 팀이 월드컵 예선에서 보여 준 최악의 경기력 덕분에 책정된 200배라는 배당률은 사람들을 돌아 버리게 만들었다.

- 200배로 벌어서 대출 다 갚을 수 있어.
- 200배로 벌어서 내 집 마련할 수 있어.

어떤 평행 세계에서는… 그 꿈이 이뤄졌을지도 모른다. 대한민국이 월드컵 본선 1승을 … 아니, 심지어 우승을 해 버린 평행 세계가 존재할지도 모른다.

하지만 이 세계에선 그런 일이 일어나지 않았다.

김덕배를 선발로 내세운 대한민국 대표 팀은 브라질, 잉글랜드, 코트디부아르에게 차례대로 찢기며 3패를 했다. 무려 몇백억의 도박 베팅 금액이 순

2부 근절론

식간에 증발해 버렸고, 당시에는 그 분노가 감 감독님과 공 회장님에게로 몰려 인천 공항 난투극 사건이 벌어졌지만… 이제 와 생각해 보면 오히려 잘된 일이다.

덕분에 2030년 이후로 대한민국에서 스포츠 도박이 근절되지 않았는가.

다들 지레 겁먹고 도박은 무슨, 비트코인과 주식도 멀리했다. 여러 나라가 불법 스포츠 도박을 어떻게 근절해야 하나 골머리를 앓고 있는 21세기 중반. 대한민국의 욕망은 완벽히 거세되어 있다. 인천 공항 난투극 사건 때 생긴 사회적 트라우마 때문이다. 하지만 트라우마는 시간이 지날수록 흐려졌고, 오히려 성장의 밑거름이 되었다.

- 감 감독님과 공 회장님. 시간이 많이 늦었지만 감사합니다. 당신들의 요상한 전술과 난해한 선수 매니지먼트 덕분에 대한민국에서 스포츠 도박이 근절되었습니다.

엊그제, 문화체육관광부는 감 감독님과 공 회장님을 근절 홍보 대사로 임명했다. 이로써 두 사람은 지난 10년간의 114 인턴 및 외판원의 삶을 끝내고 드디어 실버 취직이라는 쾌거를 이뤄 낸 것이다.

그리고 오늘은 실전 업무에 투입되는 첫날이다.

축구 근절 센터 수감자들에게 축구를 예시로 들

며 근절의 중요성을 강조한다…라는 두 분의 말에 헛웃음이 나왔다. 불과 한 달 전만 해도 나에게 축구에 대해 열정적으로 얘기했는데 그와는 정반대의 모습이었다.

근데 뭐… 누구나 노선 바꿀 수 있는 거니까. 각자의 길을 존중하며 나와 김덕화 아저씨는 밖으로 나왔다. 굳이 저들의 도움 없이도 충분하니까. 〈돌아온 동상이몽〉은 시청률 1위 프로그램이고, 거기에서 잘만 한다면 축구에 대한 인식 전환을 이뤄 낼 수 있다.

그리고 이 모든 작전의 성공을 위해서는 우리 엄마가 필요하다.

〈돌아온 동상이몽〉 방송 작가님께서 우리 엄마까지 재등장하기를 바랐으니까. 엄마가 〈근본 없는 월드 클래스〉를 인정해 준다면 시청자들에게 감동을 줄 수 있을 거라 했으니까.

하지만 걱정이다. 엄마와 내가 연락을 안 한지 어언 1년이 됐다. 내가 자취로 포장된 가출을 저지른 뒤론 일절 소통하지 않았다. 갑자기 찾아간다고 하면 뭐라고 생각할까. 이런저런 고민을 하며 김덕화 아저씨의 차에 타려는데,

김덕화

저번에는 몰랐지만 자동차 뒤쪽에 삐뚤빼뚤한 글자가 새겨져 있었다. 누군가 못이나 칼로 낙서 테

2부 근절론

러하고 도망간 모양이다.

"글자 보냐? 내가 직접 쓴 거야."
"네? …왜요? 이러면 차 가치 떨어지잖아요."
"쓰…읍. 미디어 소녀. 자꾸 소인배처럼 굴래? 내가 왜 저걸 중고로 팔아."

즉, 이 차를 절대로 안 팔 거라는 의지를 보여 주기 위해 이름을 새겼단다. 자신은 물건 살 때 되팔 때의 가치까지 염두에 두는 중산층과는 다르다, 살아서는 돈 펑펑 쓰고 죽어서는 무덤에 자동차들도 같이 묻는 부여식 장례식을 할 거라는 얘기를… 나는 무덤덤하게 들었다. 돈 자랑도 며칠을 들으니 무뎌진다.

"아무튼… 어머님한테 전화는 드렸어?"
"〈돌아온 동상이몽〉 나오시라고요? 아직…."
"그러면 청담동 며느리 골목¹⁴ 가자."

부릉부릉

도착한 골목에는 명품 숍이 모여 있었다. 여길 왜 데려왔나 했더니, 엄마 줄 선물 사란다.

"나도 너 〈동상이몽〉 나왔던 거 봤어. 너네 어머니 맨날 화나 계시잖아."

마음을 풀어 주기 위한 일종의 이완제가 필요하지 않겠냐는 거였다.

---

14 가짜입니다. 검색하지 마세요.

"우리 엄마한테는 이런 거 필요 없어요."

"필요 없는 걸 필요하게 해 드려야지."

안 사도 된다는데도 김덕화 아저씨는 구지 매장에 나를 끌고 갔다. 참고로 앞에 구지라고 적은 거 맞춤법 틀린 거 아니다. 명품 브랜드 이름이 구지인 거다. 다들 알지, 음, 그래.

구지 매장은 엄청난 친절로 가득 차 있었다. 우리 학교 학생 식당은 밥 달라 해도 노려보는데…. 여기 직원들은 손님이 어딜 가든 따라오면서 간식까지 챙겨 줬다. 내가 받은 건 초콜릿이었다. 포장을 뜯으니 벌 모양 장식이 나타났다.

맛은 지난 달에 영상 편집하다가 당 떨어져서 먹었던 가나 초콜릿이랑 비슷했지만… 벌 모양 장식 때문에 왠지 막 먹고 버리면 벌 받는 기분이 들 거 같았다.

그래서 최대한 음미하며 먹고… 포장지는 구기는 대신 곱게 접어서 주머니에 넣었다. 그러기 무섭게 직원이 내게 다가왔다.

"입에 좀 맞으세요?"

"아, 예…."

"뭘 입에 맞아~ 달면 다 좋지~"

김덕화 아저씨는 텃세를 부리며 나에게 매장을 소개해 줬다. 나는 진열돼 있는 물건 중 하나를 골랐다.

2부 근절론

720만 원짜리 구지 핸드백. 우유 1L짜리 두 개 들어갈 것 같은.

아무리 우리 엄마라도 이 선물 앞에서는 평소와 다르리라. 지금 이 매장에 감도는 친절의 기운이 엄마에게까지 전염될 것만 같았다.

"아껴 쓰지 말라고 말씀드려."

기숙사로 돌아가는 차 안에서 김덕화 아저씨는 내내 잔소리를 했다. 귀가 아팠지만 720만 원을 대신 긁어 준 은인이므로 나는 입을 다물었다. 정말로 나는 엄마와 화해하게 될까. 지난 몇십 년간의 대화와 방송 프로그램 출연으로도 개선되지 않았던 관계가 자본으로 나아질 수 있을까. 가족의 근본이 그렇게 회복될 수 있을까.

"안 되면 전화해. 더 비싼 거 사게."

"괜찮아요…."

"자본으로 안 되는 건 없어. 안 된다면 자본이 부족했던 거지. 자, 다 왔네."

나는 기숙사 앞에 내렸다. 김덕화 아저씨는 슈퍼카의 시동을 걸고 사라졌다. 차가 시야 밖으로 나갈 때까지 서 있던 나는 몸을 돌려 기숙사로 올라가려 했다. 그런데 주머니에 손을 넣으니까 뭔가 만져졌다. 아까 넣어 뒀던 구지 초콜릿 포장지였다.

평소의 나라면 그냥 남들 안 보는 사이에 휙 도로에 던져 버릴 텐데, 이건 쓸모없다는 걸 아는데도 섣불리 버리기 아까웠다. 세상의 모든 일회용 쓰레기에 명품 마크를 박으면 환경오염을 근절할 수 있지 않을까… 싶긴 했지만, 이딴 생각으로 시간 낭비할 틈이 없다. 얼른 들어가서 엄마 줄 물건들 다 캐리어에 넣어야 하고, 〈돌아온 동상이몽〉 촬영장에 갖고 갈 〈근본 없는 월드 클래스〉 영상을 편집해야 한다.

그래서 구지 포장지 기숙사 분리수거 종이 칸에다가 놔뒀으니까 필요한 분 갖고 가세요.

2부 근절론

11주 차(인터뷰)

그냥 엄마.

M 이건 공공 가시오가피라는 건강식품인데, 텀블벅 후원해서 받은 거야. 몸에 좋대. 텀블러도 가져왔으니까 넣어서 마셔.

⊙ 오자마자 이래라 저래라야.

M 싸우려고 온 거 아니야. 본론부터 말할게. 엄마 이것도 받아. 얼마짜리인지 알지? 엄마 명품 모델 되고 싶었다며. 제일 비싼 거야.

그리고 이건 현금인데, 다음 달에는 이것보다 더 줄 수도 있어. 근데 잠깐만. 벌써 가져가려고 하지 말고 내 얘기를 들어 봐. 받고 싶다면 지켜 줘야 할 조건이 있어.

⊙ 네가 뭔 돈이 있어서 이런 걸 샀냐.

M 방송으로 벌어서 다 샀지. 내가 말했잖아. 방송으로 한번 잘되면 회사원 월급 1년치 금방 번다고. 나 이뤄 냈어. 엄마는 안 된다고 했지만… 내 작품으로 이뤄 냈다고. 나 〈돌아온 동상이몽〉 섭외도 받았어. 그래서 엄마랑 거기 함께 나가고 싶은데… 나가자.

물론 엄마한테도 그 프로그램이 상처였다는 거 알아. 나한테도 마찬가지이고.

하지만 함께 극복해 보자. 그때 우리는 불안해서 서로한테 험담을 했지만… 이제 삶이 안정권에 들어섰잖아. 나 돈 잘 벌어. 김덕화라는 아저씨가 있는데 그 사람이 내 개인 채널 방송국도 만들어 준다. 우리 집도 넓은 곳으로 이사 갈 수 있고…

⊙ 너는 진짜 하나도 모르네.

M 뭘 몰라.

⊙ 내가 너 리포터 되는 거 반대하고 상처 주는 말한 게 돈을 못 벌까 봐 걱정돼서였을 줄 아냐? 나는 네가 리포터 일을 한다는 사실 자체가 싫은 거야. 볼 때마다 오그라들어서 미치겠다고. 너는 약자들을 위한 세상을 만들려고 리포터 된다 그러지? 근데 솔직히 말해서 네가 약자인데 누굴 돕냐. 그리고 세상을… 어떻게 바꿔야 하고, 왜 바꿔야 하는데.

2부 근절론

맨날 컴퓨터 앞에서 뭐 만들고… 네가 좋아하는 글 쓰고, 찍은 영상을 사람들한테 좋아해 달라고 말하는 게 세상을 바꾸는 일이 절대 아니야.

솔직히 말해 봐.

세상을 바꾸고 싶다는 게… 솔직히 그 바뀐 세상에서 네가 잘 먹고 잘살 거라는 말이잖아. 왜 자꾸 약자 얘기하고, 미디어 얘기 하냐고. 뭐 하러 근본 있는 척하냐고.

차라리 그냥 돈을 벌어. 번 돈으로 사람들을 사고 그 사람들한테 "당신이 세상을 바꿨어요."라는 말을 하게 만들어. 자본으로 근본을 사. 네가 지금 그렇게 하고 있잖아. 참고로 나한테 얼마를 줘도 협조해 줄 생각 없다. 당연히 방송도 안나가.

M   그럼… 돈 말고 뭘 줘야 협조해 줄 건데.

⊙   안 해 주니까 돌아가.

M   엄마가 생활비 안 보낼 거면 나가라 그래서… 집에서 나가 줬잖아. 기숙사 갔어. 매번 엄마가 원하는 대로 맞춰 줬어…. 딱 한 번, 대학교 갈 때만 빼고. 그것 때문에 아직도 화가 나는 거야? 내가 내 꿈 이루고 싶다는 게 싫으냐고….

⊙   아니.

M 도대체 무얼 원해서 그러는데.

◉ 원하는 게 없다니까?

M 그럼 왜 살아?

◉ 그럼 죽어? 왜? 네가 죽여 주게? 손이 부들부들 떨리네요? 텀블러는 또 왜 들어?

M 집에 가라며…. 그래서 짐 챙기는 거잖아. 하…. 노트북은 또 어디 있는 거야.

◉ 내가 내버렸어.

M 뭐? 미쳤어요? 거기에 방송 촬영 때 보여 줄 거 다 있는데….

◉ 어금니 꽉 깨물고 말하는 거 봐라, 방송 촬영? 아직도 정신 못 차렸네. 나도 봤어. TV에서 광고하는 거. 근본 충만해진 미디어 소녀가 돌아왔다고. 네가 듣기엔 그게 칭찬 같아? 안 쪽팔려? 근본…. 오그라들어. 그냥 자본이라 얘기하면 되지, 다들 근본이라고….

그리고 너 지금은 스스로가 잘난 것 같아도, 자본 언젠가 다 떨어져 나가. 네가 나이 들었을 때 사람들이 "미디어 소녀, 미디어 아주머니 됐네!" 하고 좋아해 줄 거 같아? 어차피 한순간이

2부 근절론

야. 그때 네가 실망할까 봐 내가 지금 미리 다
근절해 주는 거야.

M (나는 미친 듯이 화가 났다. 화를 참자니 갖고 있던 참을 인
   을 9주 차에 다 탕진한 뒤였다. 결국 나는 분노를 참지 못하
   고 눈앞에 있던 공공 텀블러를 발로 차 버렸다. 마치 축구공
   을 발로 차듯이. 그런데⋯)

깡!

2부 근절론

12주 차(자체 공강)
죄송합니다.

아무것도 하기 싫어 방 안에 누워 있다. 며칠째 학교에 안 나가는 중이다. 방송 작가님한테 문자를 드려야 한다는 생각이 들었지만 휴대폰을 쳐다보기가 싫어서 계속 미뤘다. 그러다가 마침내 오늘. 〈돌아온 동상이몽〉 촬영 날이 온 거다.

문자를 보내야 했다. 방송 작가님께. 어머니가 오지 않는다고. 김기립 교수님과 학우들에게. 나도 가지 못할 것 같다고.

하지만… 늦었다고 생각했을 때가 너무 늦은 때이듯이, 기대를 저버리고 싶지 않아서 미루다가 기대를 완전히 저버린 시점이다. 지금 나 응원한다고 교수님이랑 학우들이 〈돌아온 동상이몽〉 스튜디오에 와 있을 텐데…. 이제는 진짜로 자퇴하고 사라져

야겠다…. 아니야. 생각을 하지 말자. 어차피 나는 연예인이 아니고, 그렇다고 프로 리포터도 아니었으니까.

그냥 유명세 좀 얻은… 세미프로 같은 거지.

세미프로도 못 된다. 나는 아마추어다. 그러니까 이렇게 잠수 타도 괜찮다. 정말로 괜찮다…라고 합리화하던 나를 놀리기라도 하듯, 전화가 왔다. 조원들 중 한 명이었다. 받지 않았다. 그러자 문자가 왔다. 뻔했다. 실망했다는 이야기겠지. 우울해서 나는 목욕을 했다. 라면을 먹고 노래 몇 곡 들은 뒤에야 도박 패를 열듯이 조심스레 갤럭시 폴더를 열었는데,

- 조장님. 어머님은 오셨는데 왜 안 오세요.
- 무슨 소리야?

나도 모르게 문자를 보내 버렸다. 조원에게서 답장이 없어 전화를 걸었다. 휴대폰이 꺼져 있었다. 그러고 보니 3시 15분이다. 촬영 시작했겠구나. 나는 뒤늦게 정신을 차리고 밖으로 나왔다. 며칠 만에 쬐는 햇빛이 눈을 찔렀다. 급하게 택시를 잡고 방송국 스튜디오로 향했다.

그러나 평일 오후 3시의 도로는 끔찍하게… 막혔다. 나는 결국 올림픽대로에 내려서 방송국까지 달렸다. 이런 뜀박질을 해 본 게 몇 년 만인지. 한 발 한 발 뛸 때마다 〈오즈의 마법사〉 양철 나무꾼이 삐걱거리는 듯한 소리가 났다. 하지만 몸의 안전보다

2부 근절론

삶의 안전이 먼저였기에 나는 더욱 빠르게 달렸다.

그리고 방송국을 두 블록 앞둔 사거리에서… Yellow조 조장을 마주쳤다.

"뭐야, 이 새끼."
"헉, 헉…. 촬영… 끝났어?"
"너 엄마 때렸다며."

엄마가 어떻게 말했느냐고 물어보지 않아도 상황을 바로 유추할 수 있었다. 하지만 Yellow조 조장은 굳이 모든 걸 말해 주었다.

촬영은 다 끝났다.

내가 없어도 엄마의 이야기만으로 충분했다. 스튜디오에서 엄마는 이마의 상처를 보여 주면서 한채연이 한 짓이라고 폭로했단다. 텀블러로 때렸다고. 이런 적 처음이라고. 애한테 욱하는 성미가 있긴 했어도 이 정도는 아니었는데. 미디어학과에 진학하고 축구에 관심을 갖고 난 뒤부터 더 폭력적으로 변했다고 덧붙였단다.

그러니 축구를 더 "멈춰!"야 한다고. 축구만 멈추는 걸로는 부족하다고. 미디어학과도 없애 버려야 한다고. PD는 자극적인 얘기에 박수를 치며 좋아했고, 방송 작가들은 축구 때문에 피해를 입은 사람 더 없냐고 학우들을 대상으로 인터뷰를 하러 다녔단다.

끝이구나.

모두 다 끝났다.

…이번엔 진짜 잘할 수 있을 줄 알았는데. 나는 왜 멘탈이 이렇게 나약한 걸까. 참으로 얄팍하다. 스카치테이프 같다. 차라리 스카치테이프는 어디에 잘 붙어 있기라도 하지. 나는 그마저도 못 했다. 또다시 누군가를 실망시켰다는 생각에 슬펐지만, 그 감정은 오로지 내 몫이었으므로 나는 서둘러 Yellow조 조장을 보내려 했다.

"그래…. 다음 주에 강의실에서 보자."

"다음 주 휴강이래."

"… 나 때문에?"

"아니. 다음 주가 Blue조 애들 취재 기간인데… 실패했대."

Blue조는 담당 인물로 '김정은'을 뽑은 조였다. 현실적인 문제가 있는데 어떻게 김정은을 취재하냐는 학생들의 불만에, 교수님은 과거 예능 프로그램 〈무한도전〉에서 기획 아이디어로 언급된 '개성공단 특집'[15]을 이야기했다.

폐쇄된 개성공단을 살리기 위하여 멤버들이 개성공단에 자동차를 타고 방문한다. 과연 정부에서는 어디까지 갔을 때 말릴까? 차를 타고 1km, 2km 전진하는 스릴을 느끼는 기획!

"보시게. 대한민국 미디어에 불가능은 없다네."

---

15 진짜입니다. 검색해 보세요.

2부 근절론

어쩔 수 없이 Blue조 학우들은 렌터카를 빌려서 파주로 향했다. 하지만 교수님은 불가능이 없다고 했지 실패가 없다곤 안 했다.

Blue조 학우들은 휴전선 뚫자마자 0.1km도 못 가고 잡혀서 현재 군사재판 받고 있단다.

너무나도 슬픈 일이었다. 우리 대학생들… 정말 열심히 살고 있는데… 뭐든 될 때까지 밀어붙이려 하는데… 결국 현실은 우리 편이 아니다. 그러나 어쩌겠나. 더럽다고 대학교를 때려치워 봤자 자신만 손해…. 나는 Yellow조 조장에게 말했다.

"그래…. 다다음 주에 강의실에서 보자."
"… 말할까 말까 고민했는데, 그냥 말할게. 교수님이 너희 조 학점 F래."
"…."
"너희 조 애들은 해탈했나 봐. F라니까 오히려 춤추면서 좋아하더라고."

그 순간 주체할 수 없을 만큼 눈물이 쏟아져 나왔다. 아아. 차라리 훈이가 세계 정복하는 세상이 왔으면 좋겠다. 운다고 해결될 일은 없다는 걸 알면서도 우는 내가 싫다…. 솔직히 책임감 없는 행동 한 거 맞다. 하지만 네가 잘못해 놓고 왜 우냐는 말은 듣고 싶지 않아서 나는 먼저 설명했다. Yellow조 조장에게. 조 애들이 해탈한 게 아니라고. 내가 그들한테 환불해 줘야 할 돈이 있어서라고. 그렇게 시작된 〈동상이몽〉부터 〈돌아온 동상이몽〉까지의 이야기.

리포터가 되고 싶다 VS 안 된다

에서 시작된 엄마와의 싸움은 어느 순간 무의미한 자존심 싸움으로 번졌고, 이제는 싸우는 이유를 잊었다. 내가 돈을 많이 벌고 유명해지면 이길 수 있을 줄 알았는데 그것도 아니다. 나는 졌다. 엄마 폭행한 딸이라는 이미지를 안고 무얼 할 수 있겠는가. 물론 때린 게 아니라 발로 찬 텀블러에 엄마가 맞은 거지만… 세상은 내 얘기를 들어 주지 않겠지.

근절부터 하려고 안달이겠지.

이런 생각을 하는 와중에도 휴대폰은 계속 진동했다. 김덕화 아저씨한테 전화가 오고 있었다…. 모든 상황을 말씀드리면 어떻게 될까. 어쩌면 손해 배상을 청구할지도. 당연하지. 축구에 대한 누명을 벗기라고 고용한 애가 도리어 축구에 더한 편견을 입혔으니까.

그리고 그 편견은 새로운 근절을 낳겠지. 혹여나 나 때문에 미디어학과에까지 피해가 갈까 봐 걱정이었다. 내가 할 수 있는 일이라곤 텀블벅 망쳤을 때처럼 조용히 학교 다니다가 사라져 주는 거겠지. 그러니까 Yellow조 조장에게 해 줄 말은 이것뿐이다.

"미안해…. 전부 다…. 괜히 김덕배 취재해서 너네 집에 상처를 준 것도…."
"그래…. 알겠다."

Yellow조 조장은 자리를 떠났다. 나는 보도블록

2부 근절론

위에 털썩 주저앉았다. 허무함을 느껴 본 사람들은 알 것이다. 멍한 상태가 유지돼서 아무것도 할 수 없는 기분을. 그렇게 해가 질 때까지 멍하니 앉아 있으려는 나에게 누군가 쓰윽 명함을 내밀었다.

[도장 판] 열 개를 모으면 아메리카노가 공짜!

대충 눈치 없는 카페 아르바이트생이겠거니 싶었는데, 옆을 보니 Yellow조 조장이었다.

"뭐야."

"하윤주 씨가 너 주라고 했던 거다."

"그 사람이? 오늘 방송국 왔어?"

"아니, 우리 조가 취재 갔을 때 받은 거야. 그리고 너한테 또 보여 줄 게 있어."

Yellow조 조장은 특유의 시니컬한 목소리로 설명했다. 하윤주 씨는 최근에 카페를 개업했고, Yellow조 조원들은 취재를 위해 그곳에 찾아갔다. 한 시간 가량의 인터뷰가 끝난 이후. 하윤주 씨는 미디어 소녀에게 놀러 오라는 말을 전해 달라고 부탁했다.

"그렇게 인터뷰하고… 나한테 놀러와 달라고 했다고?"

"그 인터뷰… 사실 우리가 편집을 많이 해서 그렇게 된 거야. 지금 원본 보여 줄게."

Yellow조 조장이 자신의 휴대폰으로 동영상을 보여 줬다. 20분 남짓의 영상에는 자막도, 편집도 들어가 있지 않았다. 한때 나의 우상과도 같았던 연예인의… 나이 든 모습뿐이었다.

◉ 〈동상이몽〉 방송에 미디어 소녀가 나왔을 때 제가 게스트로 출연했죠. 워낙 기특해서 방송 끝나고 번호를 교환했어요. 몇 번 만나 보니까 열정적인 친구여서… 제가 먼저 같이 콘텐츠를 만들어 보자고 제안했어요.

그래서 몇 달 동안 함께 다큐멘터리를 만들었어요. 나를 주제로 한 다큐멘터리였죠. 내 가정사를 많이 이야기했어요. 엄마가 연예인 못 하게 했던 이야기… 가출하고 연영과 갔던 이야기 등등 했는데…. 완성된 작품이 참 좋았어요.

하지만 내가 별로였죠.… 뒤통수 쳤거든. 일부러 치려고 했던 건 아니야. 난 그저 엄마한테 부탁을 받았어요. 단 한 번도 나한테 부탁이란 걸한 적 없던 엄마가… 갑자기 찾아와서 선 한 번만 보라고. 재벌가… 재벌 2세가 나랑 만나 보고 싶다고 했대요.

돈은 내가 많이 버는데… 왜 그렇게 재벌가에 매달렸는지 모르겠지만… 엄마가 부탁한 대로 해 줬고… 정신을 차려 보니 나는 결혼했고… 결혼 조건에 연예인 관두는 게 있는 줄 몰랐고…. 사실 연예인 활동 시작한 것도 엄마한테 인정받고 싶어서였으니까 이대로 괜찮다고 합리화하다가… 인내심이 바닥 났죠. 상대가 정말

어린아이 같았거든요.

결혼했다고 내가 굳이 모든 걸 책임져야 할 이유는 없잖아요? 그런데 개는 저한테 지겹게 달라붙었어요. 전남친도 아닌 주제에 전남친처럼요. 얼마나 시달렸는지 몰라요.

하지만 다 옛날얘기죠. 이혼하고… 엄마랑도 연끊고 거기에서 탈출했으니까요. 딸애랑 같이 새집에 들어갔을 때, 문득 미디어 소녀가 떠올라서 검색해 봤더니 텀블벅에서 프로젝트를 진행하고 있더라고요. 도움 주고는 싶은데… 내가도움을 줘도 될지 말지를 몰랐어요. 연락 오면이제는 답장을 할 수 있는데… 내가 휴대폰 번호를 바꾼 지 오래고.

그런데 생각해 보니까… 인스타그램이 있잖아요. 가짜 계정을 만들어서 메시지를 보냈어요. 예전부터 팬이었는데 힘을 내라고. 그런데… 답장이 없더라고요. 괜히 민망해져서 나는 만들었던 인스타그램 가짜 계정을 삭제했고… 그 친구가 없는 셈 치고 살아야겠다 싶었죠.

그때부터 벌어 났던 돈으로 그냥 평범하게 살았죠. 어떻게 연예인 활동을 다시 하겠어요…. 그렇게 잠수 타고, 경력 단절도 됐는데. 이 영상을통해서 하고 싶은 말은… 미디어 소녀한테는 절대 타협하지 말라고 하고 싶어요. 절대로… 엄마 앞에서 작아지지도 말고.

지난 며칠은 공허함에 울지도 못했는데, 지금은 가슴속에 무언가 꽉 찼다는 기분에 눈물이 나왔다. 무엇으로 채워졌는지는 몰라도 이 기분을 느끼게 해 준 친구한테 고마운 마음이 들었다.

"너는 내가 싫을 텐데… 왜 알려 줬냐."

"음."

Yellow조 조장은 잠시 생각에 빠졌다.

"아무리 싫어하는 사람이라도… 벼랑 끝에 있는데 떠밀어 버릴 수는 없으니까."

그 순간 다시 한번 김덕화 아저씨한테 전화가 걸려 왔다. 어차피 언젠가 받아야 할 전화였기에 나는 폴더 폰을 열었다. 아저씨의 걸걸한 목소리가 들려왔다.

"녹화는 잘했나? 사람들 반응 어땠어?"

"아… 어…."

"아, 아직 안 끝났나?"

나는 대답을 해야 했다. 모든 건 다 끝났고, 나는 그 자리에 없었다고. 근데 〈돌아온 동상이몽〉 녹화는 끝났지만… 내 인생이 〈돌아온 동상이몽〉 녹화는 아니지 않나? 끝날 때까지는 끝난 게 아니라는 생각이 들었다.

물론 객관적으로 보기에 망한 상황인 건 사실이지만, 지금 내가 할 수 있는 최선의 행동은 '사실 모든 건 다 내가 의도한 바였어. 너희는 내 손바닥 위에서 당하고 있었던 거야.'라고 말하듯 평정심을 유지하는 태도를 보여 주는 거였다. 그래서 태연하게 대답했다.

"다 잘 끝났어요. 계획대로 되고 있어요."

그 계획 지금부터 세워야겠지만, 세우면 되지. 그렇게 다짐하며 전화를 끊었을 때, Yellow조 조장은 더 이상 내 옆에 없었다. 가을바람에 나뭇잎 흔들리는 소리가 들려왔다. 나는 가로수 사이에 가만히 서서, 손에 들고 있던 명함을 봤다.

[하윤주 베이커리]

이대로 실패해서 쭉정이 되면 절대로 저곳에 찾아갈 수 없다. 아마도 윤주 언니 또한 비슷한 생각 때문에 나를 찾지 못했으리라. 그러니 떳떳해지겠다. 떳떳하게 대학교도 졸업하고, 떳떳하게 축구에 대한 인식도 개선시키고, 김덕배도 구해 내겠다. 설령 그게 누군가한테는 무리수처럼 느껴진대도, 하겠다. 스스로를 자꾸만 불행으로 밀어 넣으려는 태도를 이제는 극복해 내겠다.

그렇게 다짐하자 나에게 신기한 일이 벌어졌다. 숨을 한 번 참았다가 내쉬니, 내가 있는 곳이 순식간에 거리에서 기숙사로 전환되었다. 나는 어느새 내 방에 있었다. 방 안은 어지러웠다. 지지난 주에 엄마 선물 주려고 급하게 짐 챙겨서 나갔던 당시 모습 그대로 어지러웠다.

　나는 정신을 차리고 청소부터 시작했다. 며칠 동
안 쌓인 쓰레기를 버리면서, 나는 다시 걷는 법을
배운다는 기분으로 움직였다. 그동안 엄마한테 까
이고, 조원들이랑 말싸움 좀 한 거? 괜찮다. 한채연
비긴즈일 뿐이다. 배트맨도 처음에는 쭉정이였다.

2부 근절론

3부 뇌절론

13주 차(취재 시간)

축구를 5대 사회악에서 제외해 주세요.

〈돌아온 동상이몽〉 방송이 나갔다.

엄마는 울면서 인생에 회의를 느낀다고 토로했다. MC는 무슨 일 때문이냐고 물었다. 엄마는 머리카락을 걷어서 이마의 상처를 보여 주며 한채연이가 텀블러로 때렸다고 폭로했다. 만약 한채연이가 미디어학과에 진학하지 않았다면 이 모든 참사가 일어나지 않았을 텐데. 이 모든 건 당신네들 때문이야…. 당신네들이 방송으로 한채연 허파에 바람만 안 넣었어도….

엄마는 그런 말들로 〈동상이몽〉을 꾸짖었다. 수많은 언더그라운드 래퍼들이 꿈꾸는… 방송국에 나와서 방송국 비판하는 광경이었다. 실제로 방송이 나간 이후 아래와 같은 댓글이 달리기도 했다.

- 미디어 소녀 어머니 힙합이었네.

아무튼 엄마의 디스에 MC는 프로답게 대처했다. 그때는 〈동상이몽〉이었지만 지금은 〈돌아온 동상이몽〉이라고. 우리는 돌아오는 사람들을 반긴다고. 돌아오신 어머님을 환영한다고. 이제 미디어 소녀를 잘 교육할 방법을 함께 찾아보자고.

나는 TV를 껐다.

그리고 계획했던 영상을 유튜브에 올리려는데… 전화가 왔다. 김덕화 아저씨였다.

"너 그런 사람이었냐!"

아저씨는 다짜고짜 호통을 쳤다. 자신은 부모한테 대드는 자식들이 정말 싫다고. 축구에 대한 이미지가 나 때문에 더 나빠져서 어차피 김덕배 석방될 일 없어 보이니 계약 해지하고 위약금까지 청구하겠다는 위협에 나는 태연하게 대꾸했다.

"다 계획된 일입니다. 저번에 말했잖아요."
"무슨 계획인데."
"그건 곧 보여 드릴게요."

밑천을 드러내지 않기 위하여 더욱 자신감을 내비쳤다. 그러자 김덕화 아저씨는 시간을 보름 주겠다고 일렀다. 왜 하필 보름이냐고 물으니, 보름 뒤에 월드컵 출전 신청이 마감된단다. 그 전까지 신청하지 않는다면 대한민국은 다음 월드컵에 기권하는 것으로 자동 처리된다.

예상보다 빠듯한 일정이었지만, 다행히도 김덕화 아저씨가 지원을 끊지 않아 일을 진행할 수 있었다. 다들 말로는 부모한테 대드는 자식들이 싫다고 하지만 결국 자기 자식만 안 대들면 상관없는 것이다. 일단 각종 언론에 나와서 "내 딸이 이상해졌다!"라고 광고해 대는 우리 엄마의 입을 다물게 만드는 게 지금 내가 해야 할 일이었다.

[축구 금단 증상이었습니다.]

나는 내 개인 유튜브 채널에 영상을 올렸다. 썸네일에는 〈돌아온 동상이몽〉 방송 내용에 대한 해명이라고 적어 놨지만, 사실 해명은 아니다. 일방적인 반박이다.

안녕하세요, 한채연입니다.

감 감독님과 공 회장님을 인터뷰하면서 축구에 대한 저의 호기심은 날이 갈수록 커졌습니다. 하지만 축구를 하고 싶어도 할 수가 없었습니다.

그래서 금단증상이 일어나고 말았습니다. 집에서 공공 텀블러를 발로 차 버렸습니다. 그 텀블러에 그만 엄마가 머리를 맞았고요. 하지만 여러분. 생각해 보세요. 만약 제가 축구를 할 수 있었다면, 굳이 집에서 텀블러를 발로 찰 필요가 없었을 겁니다.

3부 뇌절론

지금도 마찬가지입니다. 무엇이든 발로 차 버리고 싶은 충동이 들어요. 며칠 전 열심히 참여하던 수업에서 F 성적을 받게 됐다는 얘기를 들었는데, 교수님 발로 차 버리고 싶습니다. 하지만 여러분. 생각해 보세요. 인간 발로 까는 것보다 축구공 발로 까는 게 낫지 않을까요? 축구하게 해 주세요. 축구 5대 사회악에서 제외 갑시다.

김종국 화법[16]으로 조곤조곤 나의 의견을 얘기했다.

---

16 *진짜 있습니다. 검색해 보세요.*

'축구를 5대 사회악에서 제외해 주세요'
〈돌아온 동상이몽〉 미디어 소녀 해명하다

실시간 급상승 동영상 / 10분 전

3부 뇌절론

반응은 가히 폭발적이었다. 내 개인 유튜브를 구독하던 사람은 물론, 〈돌아온 동상이몽〉을 통해 나를 접한 사람들까지 뒤섞여서 난장판이 됐다. 전에도 나는 비슷한 경험을 한 적이 있다. 텀블벅 프로젝트를 진행하던 시기, 댓글 창이 나에 대한 희롱으로 도배될수록 구독자 수가 올랐던 경험. 이번에도 마찬가지 상황이 펼쳐졌다.

- 미디어 소녀 완벽하게 근본 잃었네….
- 미디어 소녀 흑화해서 뇌절 소녀 됐네.

댓글 수는 몇 배로 증폭했다. 곳곳에 나에 대한 인신공격이 있었다. 물론 유튜브 댓글 내용이 대중의 의견을 대변하지 않는다는 건 알지만, 무작정 무시하기에는 선동의 힘이 무시무시하다는 것도 알지만, 무시무시한 힘이 무시무시하지 않은 힘보다 차라리 낫다는 생각으로 지켜보았다.

무플보다 악플이 낫다.

관심은 미디어의 생명이니까. 과거의 나는 거기에 휩쓸렸지만, 이제는 영리하게 이용해 보겠다. 자신 있다. 댓글 작성자들의 말처럼, 내가 근본을 잃고 뇌절을 하는 미디어 소녀라면, 기왕 이렇게 된 것 끝까지 뇌절을 해 보겠다. 뇌절 소녀 되겠다. 남들에게 근절당하고 근본 소녀 될 바에야.

그러니 여러분. 축구합시다. 누군가는 그게 무슨 폭력적인 소리냐고, 인천 공항 난투극 사건을 잊었냐고 했다. 축구를 다시 재개했다가는 훌리건들이 경기장 부순다고, 마녀사냥하기, 희생양 찾기, 팬들끼리 나뉘어서 벌이는 지역 싸움, 그런 꼴들이 나타난다고. 아…. 근데

내가 그걸 모를까?

또 다른 누군가는 나더러 세상을 바꾸겠다고 나대기 전에 어머니한테 효도나 하라고, 세상을 바꾸기 전에 너부터 바꾸라고, 대한민국은 근본 있는 동방예의지국이라고 훈계했다. 아…. 근데

내가 그걸 모를까?

다 알고 있다. 알면서 왜 실천하지 않느냐고 묻는다면, 너희도 다이어트하는 법 알지만 실천 못하잖아.

아무튼 피차일반이다…라는 식의 나의 영상들

3부 뇌절론

에, 사람들은 처음에는 거부반응을 보였다. 그 바탕에는 축구 없는 삶에 익숙해진 지난 10년의 세월이 있었다. 패배가 없지만 승리도 없는 삶…. 무념무상이 자그마치 10년이나 지속되었다. 하지만 평온했던 일상에 나의 뇌절이 차차 균열을 내기 시작한 것이다.

- 진짜 금단증상인 거 아니야?
- 뭔 말 같지도 않은 소리니.

　다들 처음에는 무시했지만, 내가 뇌절해서 내뱉는 개소리들이 연속성을 가지자 사람들은 한번 들어 볼 만한 소리라고 쳐 주기 시작했다. 여론은 둘로 갈렸다. 더욱 근절을 강화해야 한다는 의견과 이젠 축구를 5대 사회악에서 제외하고 함께 월드컵 보자는 의견으로.

　전자의 여론은 중구난방으로 흩어지는 반면, 후자의 여론은 인터넷을 중심으로 모였다. 사람들은 한국 사회에 대해 쌓아 왔던 분노를 축구 부활 의견으로 표출했다. 어차피 기본 소득으로만 먹고사는 세상. 그 이상의 수입은 바라볼 수 없는 세상. 축구라도 다시 보자. 세상이 망하든 말든 상관없다. 우리에게는 그저 새로운 즐길 거리가 필요하다.

　마치 과거에 네티즌들이 한국 축구 선수들 꼴 보기 싫으니까 차라리 불곡고등학교 3학년 1반 김덕배 뽑아라, 라고 했던 것과 같은 맥락이었다. 나는 때를 놓치지 않고 청와대에 청원을 올렸다.

[축구를 5대 사회악에서 제외해 주세요.]

그리고 적극적으로 홍보했다. 텀블벅 프로젝트를 진행하던 때의 나와는 달랐다. 그때는 인스타그램이나 유튜브에 댓글만 남겼을 뿐, 단 한 번도 누군가한테 개인적으로 연락해서 도와 달라고 한 적이 없다. 아무리 좋게 포장해도… '돈 달라'는 소리로 들릴까 봐 괜히 자격지심을 느낀 탓도 있다.

하지만 이제는 다르다. 마침 전화도 왔군. 김덕화 아저씨다.

"아저씨도 청원 동의 버튼 누르세요."
"이걸 다 언제부터 계획한 거니?"
"처음부터요."

물론 허세다. 계획 따위는 없었다. 처음 시작할 때는 그냥 조원들한테 50만 원씩만 챙기려고 했으니까. 모인 돈으로 월세 내고, 편안하게 커피 사 마실 수 있는 삶을 살려 했으니까. 하지만 이제 나는 추천 수 50만이 모인 청와대 청원의 게시자다.

마치 10년 전 감 감독님을 경질해 달라는 청원 동의자 수가 50만을 돌파하자 한국 축구 협회 회장님이 인터뷰를 했던 것처럼, 대통령은 '축구 부활' 청원에 아래와 같은 해명을 했다.

"여러분. 저도 한때는 축구를 좋아했습니다. 10년 전 제가 문화체육관광부 장관이던 시절에는 외국인 선수를 귀화시켜 보려고 〈류 퀴즈 온 더

3부 뇌절론

블록〉PD와 만나기도 했습니다. 하지만 인천 공항 난투극 사건이 일어났다는 사실은 변하지 않습니다. 그게 축구 때문에 벌어진 참사라는 것도요. 이 사실이 변하지 않는 이상 정부는 계속 축구를 규제해야 합니다."

나는 그 인터뷰를 보고 오히려 기분이 좋아졌다. 동시에 저쪽의 입장을 이해하게 됐다. 대통령도 축구를 다시 보고 싶어 하는구나. 다만 명분이 필요하겠지. 정치란 그런 거니까. 명분이야 만들면 된다. 여태껏 내가 해 왔던 것처럼.

별 볼 일 없던 과거라도 노력하면 다 복선이 된다. 미래를 바꾸면 과거가 바뀐다. 엄마는 내가 미디어콘텐츠학과에 가야 할 이유가 없다고 했지만 나는 〈동상이몽〉을 통해 명분을 만들었지 않은가. 이제 엄마는 〈돌아온 동상이몽〉을 통해 내 사고방식을 근절하려 하지만, 나는 거기에 뇌절로 맞서리라. 끝까지.

14주 차(수업 시간)
잘 가요, 교수님.

한 주가 끝나고 또 다시 수업이 시작됐다. [미디어 제작 실습]. 이미 F 학점이 확정됐지만 나는 수업을 들으러 왔다. 정확히 표현하자면 수업을 들으러 온 게 아니라 도움을 받으러 왔다. 혼자만의 힘으로는 부족하다. 하지만 미디어콘텐츠학과 동료들과 함께라면 얘기가 다르다.

그런데 나의 계획은 시작부터 위기를 맞았다. 평소에는 5분씩 늦게 오던 교수님이… 오늘은 10분이나 일찍 강의실에 도착해 있었다.

"나를 까 버리고 싶다던 제자로군."

게다가 나를 보자마자 적개심을 드러냈다. 하지만 내 용건은 저분이 아니다. 나는 학우들에게로 다가갔다. 우리 조 조원들…은 거르고, 나와 마찬가지로 발표일에 펑크 내서 F가 확정된 Blue조 학우들에게로.

"애들아. 축구 부활시키자."

등 뒤에서 교수님의 목소리가 들려왔다.

"경찰이죠? 여기 축구를 언급하는 인간이 있습니다!"

교수님은 전화를 끊자마자 Blue조 학우들 앞에 섰다.

"서명을 한다면 자네들 점수는 F일세."
"이미 F 아닌가요?"
"…기회를 주겠네. 종강 전까지만 영상을 가져오게."

그러자 Blue조 학우들은 벙쪄했다. 그들의 침묵 속에서 곧 펼쳐질 태세 전환이 보였다. 교수님에게 사과를 했다. 내가 촬영한 영상 때문에 기분이 상하셨느냐고.

"아니. 나는 그저 심판 역할을 하는 거라네."
"심판이요?"
"대학생의 근본은 공부라네. 거기에 충실하지 않은 자네를 좌시할 수는 없지."

교수님은 내가 탐탁지 않았다고 했다. 사실 12주 차에 예정돼 있던 우리 조의 발표를 강의실이 아닌 방송국 스튜디오에서 하자고 제안했을 때부터 불만이 있었다고. 그때는 대학교 본부의 압박 때문에 어쩔 수 없이 방송국에 갔지만, 이제는 상황이 다르다. 자신은 교수이고, 나한테 수업에 충실해야 한다는 교훈을 알려 줄 의무가 있다는 말에 나는 이렇게 대답했다.

"근본 지킨다 한들 학생 인생 책임져 주지도 않잖아요. A 받아 봤자 달라지는 게 없는데."

"그런 얘기는 A를 받고 하게나."

나는 교수님의 말에 대꾸하지 않았다. 대신 Blue조 학우들을 바라봤다. 얘들아. 도와줘. 혹시 자동차 필요하다면 내 슈퍼카 빌려줄게. 개성공단 작전 수행하렴. 슈퍼카는 일반 자동차보다 빨라서 어쩌면 남북 연락 사무소까지는 갈 수 있을 거야.

하지만 그게 정말 너희가 원하는 것이니. 군사재판을 무릅쓰고 도전해서 김정은을 취재한다고 해도, 그래서 A를 받는다고 해도 뭐가 달라지겠니. 내 설득을 들은 Blue조 조장은 이렇게 말했다.

"달라질 게 없어도… F보다는 A가 좋잖아."

"…"

"수업 분위기 해치지 말고 이제 나가 줄래, 한채연아…"

이 녀석들…. 지난 주말에는 함께 교수님 욕했으면서 지들이 A 받을 가능성이 생기니까 철저히 충성하는구나…. 화장실 갈 때와 나올 때가 다르다더니…. 너희 같은 훌륭한 시민이 있기에 대한민국 공중화장실이 BBC에서 선정한 전 세계 1위 청결 화장실인 거겠지….

3부 뇌절론

이해는 된다. A 성적을 받기 위해 필요한 건 A를 받을 만한 실력이 아니라 자신을 대신하여 B, C를 받을 나머지니까. 저들에게 나는 확정된 나머지일 뿐이지….

그런데 내가 원하는 건 A가 아니다. 축구를 구원하는 거다. 그러니 A 받으시고, 서명만 도와 달라고 나는 호소했다.

하지만 호소에 대한 응답을 듣기도 전에 강의실 문이 열렸다. 그리고 수십 명의 어른들이 나타났다. 형광 조끼를 입고 있는 그들은, 맙소사. 근절 홍보 대사였다. 당연히 무리 속에는 감 감독님과 공 회장님도 있었다.

"축구 얘기를 하는 사람이 있다는 제보를 받고 … 엇! 뇌절 소녀!"
"안녕하세요, 감 감독님. 감독님도 서명 좀 해 주세요."
"미… 미안하다."

곧바로 내 양 팔목에 수갑이 채워졌다. 왼쪽 수갑에 근, 오른쪽 수갑에 절이라고 적혀 있었다. 손을 흔들자 철컹철컹하는 소리가 났다. 나는 침착하게 이럴 시간이 없다고, 다음 주면 월드컵 출전 국가 접수가 마감된다고 알려 줬다. 감독님의 꿈은 이런 정규직 따위가 아니라 월드컵에 출전해서 우승하는 것 아니냐고.

감 감독님의 눈빛이 살짝 흔들렸다.

나는 그를 더 자극하려 했다. 하지만 공 회장님이 끼어들었다.

"자네 같은 잠재적 축구인을 사회에 두었다가는 인천 공항 난투극 사건이 또 일어난다오."
"공 회장님. 축구가 문제가 아니란 거 알고 있잖아요."
"시끄럽소."

양쪽에서 내 어깨를 붙잡는 근절 홍보 대사들의 힘을 이겨 낼 수 없었다. 그렇게 나는 강의실에서 끌려 나왔다. 저 멀리 학우들의 얼굴이 보였다. 이대로 끌려간다면, 저들에게 나는 어떤 사람으로 기억될까. 아니, 내가 사라졌다는 것도 잊겠지. 그 생각을 하니까 내게서 초인적인 힘이 발휘됐다.

"저 사람이에요!"

나는 강의실 문에 양 다리를 끼우면서 걸음을 멈췄다. 그리고 혓바닥으로 교수님을 가리켰다.

"회장님이 그토록 찾던 사람. 10년 전에 삶은 계란을 던져서 인천 공항 대난투 사건을 일으킨 주범이 저 사람이라고요!"
"그게 무슨 소리인가?"

나는 폭로를 하려 했다. 하지만 그 전에 범인이 먼저 선수를 쳤다.

"증거 있는가?"

김기립 교수님은 증거도 없으면서 죄가 있다고 몰아붙이면 허위 사실 유포에 따른 명예 훼손에 해

3부 뇌절론

당한다고 갑자기 강의를 했다. 순간 법학과 수업을 듣고 있는 줄로 착각할 뻔했다. 증거 같은 게 어디 있겠냐. 필통도 안 가지고 다니는데. 하지만 여기에서 없다고 말하면 지는 거니까 나는 가만히 입을 다물었다.

"증거 있냐고 물었네."

*

"있습니다."

내 입에서 나온 말이 아니었다. 우리 조 테이블에서 누군가 일어나 있었다.

"내가 갖고 있습니다."

"그게 무슨 소리인가."

법학을 복수 전공하고 있는 학우였다. 나한테 구두계약도 법적 효력을 갖는다는 걸 알려 준 인물. 나한테서 1억 원 뜯어내려던 인물. 가만히 있기만 해도 목적을 이룰 수 있을 텐데…. 그는 내가 아닌 교수님을 저격했다.

"이 책의 15쪽을… 보고 오십쇼…."

15쪽을 다시 보고 올 독자분들을 위한 텀

"증거 확보… 생활화…?"

교수님의 말이 끝나기 무섭게 법학과 조원은 녹

음된 파일을 틀었다. 5주 차 수업 때의 교수님 목소리가 흘러나왔다. 지금으로부터 10년 전. 2030년. 월드컵에서 3전 3패한 대표팀이 귀국하던 인천 공항. 축구 팬들이 선수들을 기다리던 자리. 다 함께 날계란을 던지기로 암묵적으로 약속했던 자리에서 삶은 계란을 던진 건….

"당신이었군…."

공 회장님이 말했다. 10년 만에 범인을 잡아낸 형사와 같은 목소리였다. 공 회장님은 흥분을 감추지 못하고 교수님을 붙잡았다.

그런데 막상 붙잡고 나니까… 붙잡을 이유가 없다는 걸 깨달은 모양이었다. 고개를 푹 숙이고 교수님을 풀어 주면서, 공 회장님은 이렇게 말했다.

"근데 뭐… 다 옛날 일이니…."

이 사람을 여기에서 조진다고 다시 한국 축구 협회가 돌아오지는 않는다. 잃어버린 축구인으로서의 10년이 돌아오지 않는다. 그런 생각을 한 걸까. 감 감독님도 공 회장님과 같은 입장의 말을 내뱉었다.

"충분히 삶은 계란 던질 만했어…. 우리가 축구를 못했으니까…."

나는 그들의 자기 비하를 보고 싶지 않았다. 남을 근절할 수 없어서 자신을 근절하는 사람들. 그런 태도가 근본이라고 자기 최면을 걸며 삶에 의미 부여하는 모습. 그런 모습을 보이는 사람은 과거의 나 하나로 족하다. 그래서 나는 최후의 뇌절을 시전했

3부 뇌절론

다. 이렇게 말하면 절대로 성적 이의 제기 신청은 할 수 없을 거란 걸 알면서도.

"아니요. 교수님은 애초에 축구를 본 적이 없습니다."

"… 음?"

공 회장님과 감 감독님은 멀뚱히 나를 쳐다봤다. 나는 법학과 조원에게 녹음 파일을 마저 틀어 달라 부탁했다. 법학과 조원이 버튼을 누르자 교수님과 나의 대화가 재생됐다.

M … 그래서 교수님은, 감 감독이랑 공 회장 말 중에 뭐가 맞는 것 같으세요?

⊙ 흐음~ 나는 모르겠네. 사실 월드컵 안 봤거든.

M 네? 근데 인천 공항엔 왜 가셨어요?

⊙ 말했잖아. 돌 던지면서 스트레스 풀려고.

M ….

⊙ 내가 그때 대학원생이어서 많이 힘들었네.

다들 말이 없었다. 이 강의실에 최종 학력이 석사 이상인 사람은 교수님밖에 없었으므로, 다들 공감하지 못한 채 교수님을 쳐다봤다.

"자… 자네들이 몰라서 그러네."

교수님은 최소한의 양심은 있는 듯 당당하게 나서지는 못했다.

"대학원이 어떤 곳인데. 오죽하면 〈대학원 탈출일지〉라는 웹툰도 있네.[17] 과제도 죄다 조별 과제에… 논문도 조별로 발표하고…."

"그렇다면 결국…"

공 회장님이 교수님의 말을 끊었다. 그리고 정리했다. 인천 공항 난투극 사건은… 축구 때문이 아니라… 조별 과제 때문에 벌어졌던 것이오? 여태껏 잘못된 대상을 근절하고 있었나. 다른 근절 홍보 대사들도 충격에 빠진 표정을 지었다.

나는 때를 놓치지 않고 선동했다.

"진짜 사회악은 조별 과제였군요."

"뭣이?"

"조별 과제가 없었다면 교수님이 화날 일도 없었을 거고, 인천 공항 난투극 사건이 벌어지지 않았을지도 모르죠. 사실 제가 엄마를 때린 것도… 조별 과제 때문이에요."

나는 모든 것을 고백했다. 조별 과제 헌터로 살아오던 나날들. 이번 학기에도 조원들에게 50만 원씩 입금하면 다 해 준다고 제안했다. 어차피 교수님은 과제를 하는 과정에는 관심이 없으니까. '했다 치고~'식의 수업만 반복할 테니까.

---

17 진짜입니다. 검색해 보세요.

3부 뇌절론

그래도 괜찮아. 어차피 학위 나오잖아. 이런 안도감이 대학교를 지배했다. 그 속에서는 나처럼 안달하는 사람만 손해를 봤다. 어차피 손해를 볼 거면 돈이라도 챙기자 싶었다. 그래서 이제껏… 나는 조별 과제 헌터로서 부끄러운 삶을 살아왔다.

"사실이 아니지?"

교수님은 근절 홍보 대사의 눈치를 보며 물었다. 진짜로 궁금해서 물어본 건 아닐 것이다. 사실 교수님도 암암리에 부조리가 행해진다는 걸 알았을 테니까. 단지 이 상황을 벗어나기 위한 질문에 불과했다.

"사실입니다."

뻔히 보이는 의도에 법학과 조원은 맞춰 주지 않았다. 그러자 교수님은 다른 조 조원들, 이를테면 우리 조나 Blue조의 성적이 F로 확정된 덕분에 반대로 A가 확정된 Yellow조 학우들에게 물었다.

"자네들이 대답해 보게."
"알고 계셨잖아요."
"… 자네 A 받고 싶지 않나?"
"어차피 A 받아도… 달라지는 건 없어요."

Yellow조 조장이 시니컬하게 대꾸했다. 하지만 나는 그 말이 시니컬한 마음에서 나오지 않았다는 걸 안다. 아무리 옳은 일이 뭔지 잘 알고 있다 해도 개이득 얻을 기회를 내려놓고 뛰어들기란 쉽지 않다. 좋은 교수님이란, 강의를 열심히 하는 교수님이 아니라 나한테 A를 주는 교수님이니까.

하지만 그건 이전까지의 한국 사회에서나 통하던 얘기다. 이제는 달라질 거다. 내가 꿈꾸던 대로 진심이 통했다. 학우들은 다들 자리에서 일어나 '5대 사회악에서 축구 제외'를 요청하는 청와대 청원에 서명했다. 근절 홍보 대사들은 이러지도 저러지도 못했다. 사실 그들도 알고 있는 것이다. 축구에는 죄가 없다는 걸. 죄는 인간이 지었지.

"대통령님께서 말씀하셨잖아요."

나는 감 감독님과 공 회장님 앞에 섰다.

"인천 공항 난투극 사건이 축구 때문에 벌어졌다는 사실이 변하지 않는 이상 정부는 계속 축구를 규제할 거라고요. 근데… 변했잖아요. 다 조별 과제 때문이었어요."

그들은 내 이야기에 대응하지 않았다. 묵묵히 고민만 했다. 머릿속에서 이성과 감성이 충돌하는 걸까.

잠시 후.

"축구와 조별 과제 사이의 승부를 가려야겠군…."

감 감독님이 침묵을 깼다. 나는 되물었다.

"어떻게요?"

"SWOT 분석…."

공 회장님이 화이트보드에 표를 그리며 말했다.

3부 뇌절론

	축구	조별 과제
행복을 주는가?	△ (이긴 사람은 행복해짐)	✕ (A 받아도 어딘가 찝찝함)
가성비가 좋은가?	○ (5천 원짜리 축구공으로 가능)	✕ (등록금 5백만 원 내고 함)
재미있는가?	○ (하는 사람, 보는 사람 다 꿀잼)	△ (제삼자가 볼 때만 핵꿀잼)

2.5대 0.5로… 축구 승!

15주 차(인터뷰)
축구 근절 센터. 김덕배.

그렇게 새로운 시대가 시작됐다.

지난 주말. 대통령은 긴급 기자회견을 열고, 5대 사회악에서 축구를 제외하고 대신 조별 과제를 포함한다는 사실을 공표했다. 이제부터 대한민국에서 조별 과제는 금지다. 조별 과제와 관련해 발생한 법적인 효력이 있다면 전부 무효다. 이 선언이 시행되면서 나도 우리 조 조원들과 맺은 계약으로부터 해방될 수 있었다.

하지만 조원들은 전혀 아쉬워하지 않는다. 오히려 내가 삶의 의미를 찾아 주었다며 기뻐한다. 지난 주말. 내가 백화점에 데리고 다니며 명품 쇼핑을 잔뜩 시켜 준 덕분이다. 김덕화 아저씨의 카드로. 물론 허락 맡고 쓴 거다. 김덕화 아저씨는 지금 누구보다 기뻐하고 있다.

"내 생전에 다시 월드컵을 볼 수 있다니."

아저씨는 10년 만에 재결성된 한국 축구 협회의 공식 스폰서가 되었다. 10년 만에 재개된 K리그를 되살리기 위한 경제적 방안을 공 회장님과 함께 마련 중이다.

그런가 하면 감 감독님은 새로운 선수들을 발굴하기 위한 노력을 한다. 네이버나 유튜브 댓글에 기대지 않고 정말로 고등학교, 중학교, 축구 센터를 찾아다니며 유망주를 찾는다. 새로운 시대의 시작이다.

*

그리고 나는 여전히 학교에 간다. [미디어 제작 실습] 수업. 교수님이 조별 과제 근절 센터로 잡혀 간 까닭에 사실상 공강이지만, 종강 전에 학우들과 만나고 싶어서 왔다. 제일 먼저 Yellow조 조장과 인사를 나눴다.

"나 졸업하면 하윤주 씨 카페 가 보려고 하는데, 거기 뭐가 맛있디."
"카페가 다 거기서 거기지. 요즘 돈 좀 벌더니 있어 보이는 척하네."
"그냥 물어본 거야~ 근데 팔찌 그거 뭐냐."
"아, 돈 좀 벌더니, 알아보는구나. 하나 샀어. 구지 마크 보이지?"

"… 혹시 그거… 기숙사 분리수거 종이 칸에 있던 거 아니지?"

"어?"

끼익-

그 순간 갑자기 강의실 문이 열리는 바람에 대답은 못 들었다. 설마 교수님이 벌써 풀려난 건가 싶었는데, 다행히 교수님이 아닌 행정실 직원이었다. 그는 손에 들고 있던 무전기를 스크린 앞에 내려놓았다. 그러자 무전기가 지지직거리더니 목소리가 흘러나왔다.

"자, 출석 부르겠네."

"뭐야."

"뭐긴 뭐겠는가. 조별 과제 근절 센터에 갇혀 있지만 수업은 해야지."

무전기 너머의 교수님은 정말로 학생들 이름을 호명했다. 당황스러운 건 사실이었으나, 이미 2020년대에 코로나 시대를 겪은 만큼 다들 이 언택트 수업에 금세 적응했다. 교수님은 강의계획서에 적힌 대로, 오늘은 종강 파티를 할 거라고 예고했다. 오늘 잘 노는지까지 확인해서 성적에 반영한다고 일렀다. 나는 기회가 왔음을 깨닫고 질문했다.

"그러면 교수님. 오늘 저희 조 잘 놀면 F 성적 받게 된 거 없던 일이 되나요?"

"자네 조는 영상도 제출 안 했다네."

3부 뇌절론

"지금 할 수 있습니다."

비록 엄마가 노트북을 버린 탓에 〈근본 없는 월드 클래스〉 파일은 날아갔지만, 나에게는 지난 주말 축구 근절 센터에서 김덕배와 이야기를 나눈 영상이 있다. 그 영상의 첫머리에 나오는 장소는 축구 근절 센터 입구다. 나는 김덕화 아저씨와 함께 입구에서 누군가를 기다린다. 이윽고 교도관과 함께 누군가 등장한다. 더벅머리에 평범한 얼굴. 그 사람은 수십 권의 노트를 가방 속에 넣은 뒤 밖으로 나온다.

"아들아."

김덕화 아저씨가 부르지만,

"잠시만요."

그의 아들은 아버지가 아닌 나를 바라본다.

"당신이 미디어 소녀인가요?"

나는 고개를 끄덕인다. 그러자 그는 나와 대화하고 싶다며 아저씨에게 자리를 피해 주기를 부탁한다. 10년 만에 만난 아들한테 듣기엔 서운한 말이었겠으나, 아저씨는 자리를 피해 준다. 갖고 있는 카드 쓰라는 말을 나에게 건네면서.

*

그 후. 나와 김덕배는 축구 근절 센터 근처의 카페로 향한다. 그는 탄산수를 시키고 나는 뜨거운 아메리카노를 시킨다. 음료가 준비되는 동안 나는 촬영해도 되냐고 묻는다. 그는 왜 촬영을 하냐고 묻는다. 나는 잠시 고민을 하다가… 내가 원해서라고 대답한다. 그도 잠시 고민을 하더니… 고개를 끄덕인다. 그렇게 인터뷰가 시작되었다.

⊙ 사회를 위해서… 축구를 위해서… 이런 얘기 하면 인터뷰 안 해주려 했는데… 아무튼 알겠어요. 나 〈근본 없는 월드 클래스〉 봤어요. 유튜브에 올라온 거. 그거 목소리 녹음… 본인이 직접 하신 거죠? 재밌더라고요. 맞는 얘기도 있고… 틀린 얘기도 있고 해서….

내가 따로 만나자고 한 이유는, 공감이 됐어요. 엄마랑 사이 안 좋던데, 나도 그래요. 어렸을 때부터 아버지가 싫었어요.

연예인 이경규 아저씨가 한 명언이 있죠. 무식한 사람이 신념을 가지면 무섭다. 저는 이경규 아저씨가 돈치킨 사업에 참여하기 전에 비트코인에 투자해 본 줄 알았어요. 비트코인 하는 사람 중에 신념 가진 무식한 사람 엄청 많거든요. 주식이랑 관련된 책 몇 권 읽고, 인생 박사 행세를 해요. 그중 한 사람이 내 아버지예요.

운이 좋아서 성공한 인간들은 성공한 후에 자신의 운을 실력으로 포장하고, 거기에서 모든 혼란이 시작돼요. 나도 혼란스러웠어요. 내가 아홉 살일 때는 돈 없다고 나랑 놀아 주지도 않던

3부 뇌절론

아버지가… 같이 축구하자고 했더니 축구공 나한테 던졌던 아버지가… 내가 열아홉 살 되던 해에 비트코인으로 부자가 되었고… 뜬금없이 그때부터 좋은 아빠 행세를 했거든요.

아버지가 던진 축구공에 맞았던 아홉 살 때부터 나는 축구를 쳐다보지도 않았어요. 아버지에 대한 원망을 삶의 원동력으로 삼았죠. 누가 뭐 하면서 살고 싶냐 물으면 대답을 못 했어요. 원망 말고 내 안에는 아무것도 없었거든요. 그런데… 뜬금없이 축구 선수가 되었죠. 열아홉 살 때요.

갑자기 아버지가 저더러 축구를 하래요. 옛날에 축구 좋아하지 않았느냐면서. 나는 그 말에 대답하는 대신 돈을 달라고 부탁했어요. 옛날에는 우리 집에 돈이 없어서 하기 싫은 일도 해야 했지만, 이제는 아니니까. 나는 〈아이돌 육상 대회〉에 나가기 싫은데, 위약금 내면 안 나갈 수 있다니까, 돈을 좀 달라고. 하지만 아빠는 대답했죠.

"너 축구 좋아했잖아."

그렇게 월드컵을 말아먹었고… 인천 공항에서 맞았고… 축구 근절 센터에 갔죠. 그런데 그곳에서 제 인생의 2막이 시작됐어요. 축구 근절 센터가… 너무 좋았어요. 그곳에는 비트코인도 없고, 아버지도 없었죠. 미래에 대한 고민 없이 하루하루 시키는 대로 수업 듣고 청소하기만 하면 되었죠. 규칙적으로 살면서 내 안에 있던 원망이 차츰 사라졌어요.

그래서 나… 솔직히 미디어 소녀 당신한테는 미안하지만… 나는 축구 근절 센터에서 나가기 싫었어요. 평생을 이렇게 평화롭게 살고 싶었어요. 그 어떤 꿈도, 목표도 없죠. 이따금 심심할 때면 어김없이 센터에서 새로운 에너지 드링크를 나눠 줘요. 그 정도의 자극이면 충분한 거예요. 최근에 들어온 공공 가시오가피 음료는 더럽게 맛이 없긴 했지만….

M … 이제 그러면… 어떻게 사실 거예요? 뭔가… 어… 죄송한 기분이네요. 저는 알찬 일을 해냈다고 생각했는데… 덕배 씨도 분명 좋아할 줄 알았는데. 축구 근절 센터에서 못 나오신 게 아니라 스스로 안 나오셨을 줄은 몰라서….

⊙ 나더러 국가 대표 축구 선수 하래요. 감 감독님… 공 회장님한테 연락 왔어요. 나와 함께 10년 만에 한국 축구를 부활시켜 보자고. 나를 통해서 스폰서 구할 계획이고, 나를 넣은 전술도 구축하고 있다고.

그런데 미디어 소녀 씨도 알겠지만, 나 축구 못해요. 〈근본 없는 월드 클래스〉에서 김덕배가 일본전 헤딩 골 넣은 거, 그냥 가만히 서 있는데 맞은 거라 했잖아요. 정답입니다.

3부 뇌절론

M 아, 그 〈근본 없는 월드 클래스〉는… 촻촻촻촻
촻촻초안이니까 신경 쓰지 않으셔도 됩니다….

⊙ 하지만 오답도 있어요. 나는 정말로 단 한 번
도… 그 골을 넣고도… 나에게 재능이 있다고
생각해 본 적이 없습니다만. 나의 근본은 축구
가 아니에요. 근데… 애초에 근본이란 게 없죠,
세상에는. 나는 축구 근절 센터에서 지난 10년
동안 그걸 느꼈어요.

좁은 방 안에서… 먹고, 자고, 숨 쉬기만 했는
데… 살아 있잖아요. 따지고 보면 인간의 근본
은 생존이죠. 살아 있기만 해도 근본에 충실한
생활인 셈이에요. 다만 그 이후에 나처럼 근절
에 의미를 두며 살지, 미디어 소녀 씨처럼 뇌절
에서 의미를 찾을지는 각자의 몫이죠.

그런데 궁금해요. 축구 근절 센터 안에서 계속
지켜보고 있었거든요. 미디어 소녀 씨가 뇌절
소녀 씨가 되는 과정 다 봤습니다만… 당신은
정말로 뇌절을 한 게 맞아요. 더 열심히 근절을
한 거 아닌가요? 스스로의 생각을. 나는 그게
궁금해요. 궁금해서…

*

카페에서 나와 보니, '축구 근절 센터'라는 간판
은 '조별 과제 근절 센터'로 바뀌어 있었다. 벌써 공

사가 끝난 모양이었다. 나는 그 앞에서 택시를 잡았다. 모범택시가 왔지만 굳이 손을 내리지 않았다.

"혼란대학교 기숙사요."

달라진 상태로 달라지지 않은 목적지를 전하면서, 나는 축구에 대해 생각했다. 축구에 대해 생각한다는 핑계로 나에 대해 생각했다.

과연 나는 축구를 알게 됐는가.

아무튼 대한민국이 10년 만에 월드컵 예선에 참가하는 데 나는 큰 활약을 했다. 그러니 내가 한 행동에는 의미가 있었을 거라고 믿으며 지갑을 꺼냈다. 내일은 우리 조 조원들을 데리고 쇼핑을 가기로 했다. 김덕화 아저씨 카드로 학우들이 사고 싶어 했던 물건들을 잔뜩 사 줄 거다.

누구는 어렸을 때부터 갖고 싶었던 악기를 살 거라고 했다.
누구는 새 노트북을 사서 더 이상 과제 안 날릴 거라고 했다.

다들 상상을 펼치며 신나 했다. 분명 어제는 그 모습을 보며 뿌듯해했는데, 지금은 내 행동이 엄마 말마따나 자본으로 근본을 구매하는 행위일지도 모른다는 생각이 든다. 하지만 아무렴 어떤가. 사는 데 돈은 꼭 필요한데. 반박 가능한 사람은 김덕화처럼 이미 돈이 충분한 사람뿐. 85쪽 복선에 적혀 있듯.

3부 뇌절론

16주 차(수업 시간)

김기립 교수님의 이메일.

안녕하신가, 채연이.

지난 주 수업에서 자네가 틀었던 영상 잘 봤다네. 〈근본 없는 월드 클래스〉 최종본인 거겠지? 그 영상 덕분에… 원래대로라면 연구실에서 이 메일을 작성하고 있어야 할 내가… 조별 과제 근절 센터 사이버 지식 정보방에서 메일을 쓰고 있군. 허허. 나무라는 건 아닐세.

다만 성적 이의 제기는 삼가 주길 바라네. 꽤나 고심해서 내린 결정이네. 전에 내가 얘기한 적 있지. 모두에게 공정해짐으로써 공정해지는 것보다 모두에게 불공정해짐으로써 공정해지는 게 더 쉽다고. 사회에 나와 보면 알게 될 걸세. 대학교는 최후의 공정한 공간이라네. 왜냐하면 대학교의 근본은…

(둘 중 하나를 골라 보세요.)

수업이니까. 아무리 좋은 성과를 냈더라도 출석에 성실하지 않았다면 F라네. 근데 자네는 이미 무단결석 횟수가 세 번일세. 근본에 충실하지 않았으니 모두에게 공정함을 적용해 자네의 성적은 F로 매겼네. 속이 후련해서 만족스럽군. -> 162쪽으로 이동하세요.

취업이니까. 아무리 좋은 성적을 받아도 취업 못 하면 의미 없다네. 근데 자네는 벌써 유명 리포터가 되었네. 무단결석을 했지만 그 점에 연연하지 않아도 될 정도로 성장했지. 그러니 모두에게 불공정함을 적용해 자네의 성적은 A로 매겼네. 만족하는가? -> 167쪽으로 이동하세요.

3부 뇌절론

1주 차(수업 시간)

혼란대학교. [미디어 제작 실습] 오리엔테이션.

"친구가 없는 고학번들은 걱정하지 마시게. 어차 피 개별 과제라네."

새로 온 교수님이 나를 보며 말했다. 왜 굳이… 나를 보며 말하는지 모르겠지만, 아무튼 그랬다. 내 가 재수강 경험을 할 수 있게 해 준 김기립 교수님 에게 감사한 마음이 든다. 물론 반어법이다.

수업 커리큘럼은 지난 학기와 같았다. 한 학기 동 안 인물 다큐멘터리를 제작한다. 다만 지난 학기와 다르게 과제 제작은 개별적으로 한다. 이유는… 말 안 해도 알겠지?

이윽고 교수님이 한 사람씩 나와서 제비뽑기를 하 라고 말했다. 이번 학기의 테마도 지난 학기와 마찬 가지로 '인물'이다. 나는 어차피 F만 면하면 되기에,

누가 나오든 상관없다고 생각하며 제비를 뽑았다.

[미디어 소녀 어머니]

아니 사⸺진심으로 왜 여기에서 나오세요.

나뿐만이 아니었다. [미디어 소녀 어머니]가 적힌 쪽지를 뽑은 사람이 많았다. 반대로 말하자면, [미디어 소녀 어머니]를 '관심 인물'로 적어 낸 사람이 많았다는 거겠지.

사실 그럴 만하다.

최근, 엄마는 그토록 꿈꾸던 연예인의 길에 들어섰다. 공 회장님이 개발한 공공 텀블러 CF 모델로 활동하면서부터 비호감 이미지를 벗어던졌다.

"아무리 세게 때려도 안 찌그러져요! 가족 싸움 할 때 유용한 아이템!"

엄마는 나 때문에 뚝배기 깨질 뻔했던 경험을 복기하며 유쾌하게 공공 텀블러의 내구성을 홍보했다.

힘들 때 우는 자는 삼류다⋯.
힘들 때 참는 자는 이류다⋯⋯.
힘들 때 웃는 자가 일류다⋯⋯⋯.

언젠가 모 연예인이 토크쇼에서 했던 명언을 그대로 재현했다고⋯ 사람들은 일류인 엄마가 웃기다며 치켜세웠고⋯ 덕분에 나는 인류애를 잃을 뻔했다. 나는 제일 먼저 공 회장님에게 전화해서 항

3부 뇌절론

의했다. 지난 학기에 나랑 한 팀으로 움직였으면서, 이번 학기에 곧장 배신하는 거고. 어떻게 나를 욕보인 엄마와 작업을 할 수가 있냐고.

"중요한 건 그 사람의 인성이 아니오. 사람들이 그를 궁금해한다는 것이지."

공 회장님은 김덕배 인터뷰 할 때와 똑같은 대답을 했다. 마땅히 대꾸할 말이 없어서 나는 항의하기를 포기했고, 그 나비효과가 지금까지 이어지는 중이다. [미디어 소녀 어머니]가 적힌 쪽지를 뽑은 후배들이 나한테 달라붙는다.

"선배. 우리 같이 조를 이뤄서 과제 하는 거 어때요?"
"선배. 어머니랑 화해도 하셨잖아요."
"혼자 할 생각을 하니까 막막해요…."
"놀리냐? 조별로 과제 하는 건 불법이고, 나 엄마랑 화해도 안 했…"
"엥? 방송에서 화해했댔는데?"

나는 무슨 말이냐고 추궁했다. 그러자 후배들의 입에서 〈돌고 돌아온 동상이몽〉 얘기가 나왔다. 엄마가 지난 주부터 그 프로그램 고정 패널이 됐단다. 나랑 화해했다는 얘기를 떠들면서 남의 자식들에게 조언을 했다는데… 전혀 사실과 무관한 얘기였다.

아파트로 돌아온 나는 LCD TV로 후배들이 언급한 방송을 보면서, 엄마의 뻔뻔함에 감탄했다. 내가 가짜 김덕배를 연기하던 모습 그대로였다. 유전

인가.

띠링띠링

그 순간 내 아이폰에서 진동이 울렸다. 화면을 확인한 나는 놀랄 수밖에 없었다. 엄마의 전화였다. 혹시 후배들이 이미 설레발 쳐서 내가 엄마한테 취재 갈 거라는 가짜 뉴스를 퍼뜨린 건가 싶었는데….

"딸. 잘 지냈니?"

엄마의 목소리는 충격적일 정도로 상냥했다. 낯선 일은 아니었다. 엄마는 워낙 감정 기복이 심했으니까. 어렸을 때 나는 엄마가 친절하게 대하면 오히려 더 무서워했다. 곧 엄마가 화를 낼 거라는 징조였으므로.

어른이 되면 꼭 독립해서 벗어날 거라고 다짐했고, 이제는 자수성가해서 기숙사가 아닌 자취방에 살고 있는데… 왜 지금도 나는 전화 한 통에 당황해하는 걸까.

"왜요?"
"집 주소 불러 봐. 건강식품 보내 줄게."

그 아부의 목적은 하나였다. 〈돌고 돌아온 동상이몽〉에 게스트로 출연해 달라는 거였다. 지난 시간 동안은 정신이 나가 있었단다. 불안함에 시달리느라 멘탈 관리를 못 해서 가족에게 너무 막 대했던 게 후회된다…라는 말에 나답지 않게 흔들렸다.

3부 뇌절론

그런데 나다운 게 뭘까. 그딴 건 없지. 작년 이맘때까지만 해도 나는 축구가 뭔지 잘 몰랐다. 하지만 이제는 축구를 빼놓고 나를 얘기할 수 없지 않은가.

이것은 깨달음일까, 합리화일까.

근데 뭐… 둘 중 뭐든 간에 뭐가 중요할까. 지금 나는 대학생이고, 대학생의 근본은 공부이다. 그러니 공부에 충실할 생각부터 하자. 이렇게 쉽게 결론 내리는 태도는 과거의 내가 가졌던 신념과 배치되는 것이지만, 모든 일에는 끝이 있으니까. 이것도 또 다른 의미의 졸업이라 치자.

졸업. 그 이후.

택시에서 내리자마자 눈앞에 드러난 카페는 예상보다 거대했다. 카페라기보다는… 연회장이 아닐까. 아무튼 내가 상상했던 동네 찻집의 비주얼은 아니었다.

"이야. 역시 연예인 걱정은 하는 게 아니네."
"커피가 5만 원밖에 안 해. 진짜 싸다, 싸."

카페에서 나오는 손님들의 목소리가 들렸다. 예전의 나였다면 이쯤에서 돌아갈까 고민했겠지만, 오늘의 나에게는 임무가 있다. 나는 커다란 유리문을 밀고 카페 안으로 들어갔다.

윤주 언니는 3층 테라스에 있었다.

"미디어 소녀. 오랜만이야."
"이젠 뇌절 소녀라 불려요."
"요즘 TV를 안 봐서."

3부 뇌절론

〈근본 없는 월드 클래스〉 작업을 끝낸 이후부터 그토록 보고 싶었던 사람인데, 막상 만나니까 무슨 말을 해야 할지 모르겠다. 대학교 졸업한 얘기를 할까 하다가… 그게 윤주 언니와 무슨 관련이 있을까 싶어서 말았다.

"요즘 어떻게 지냈니?"

윤주 언니도 어색해하는 티가 났다. 그래서 나는 본론부터 말했다.

"〈돌고 돌아온 동상이몽〉이라는 프로그램에 패널로 섭외가 됐어요. 리포터로서… 미디어의 도움이 필요한 전국 곳곳의 가족들을 찾는 일이에요."

"그렇구나. 잘됐네. 그게 네 꿈이었던 거지?"

"그 프로그램에 언니랑 따님분이 나오셨으면 해서요."

"나는 이제 방송 안 해."

언니는 자조를 했다. 자신은 특별한 존재가 아니라고. 이제는 주어진 일을 하루하루 충실히 하며 살아갈 뿐이라고. 누군가를 바꾸겠다는 미련을 내려놓았기에, 성공에 대한 압박도 내려놓고 취미로 베이킹 하면서 살고 있다고.

"그러면 왜 굳이 베이커리에 하윤주 베이커리라고 이름을 붙인 거예요?"

"많이 팔려고."

"방금은 그저 취미라고 하셨잖아요."

나는 계속해서 설득을 했다. 다시 일을 하자고. 취업을 하자고. 취업이라는 이름으로 대표되는 성과는… 이 시대 속 모든 존재의 근본이니까. 대학생도, 축구선수도, 리포터도, 빵집 사장님도 결국에는 성과를 위해 움직이는 존재다.

"일 얘기 그만하자. 오랜만에 만났는데. 커피 마실래?"
"우리도 일 덕분에 친구가 된 관계잖아요."

비즈니스가 있어야 우정도 있는 거다. 과거의 윤주 언니가 나에게 보여 줬던 태도다. 어렸던 나는 그 말에 상처를 입었지만, 이제는 그 말이 옳다는 걸 안다. 그래서 계속 설득했다. 언니가 딸 키워야 한다고 말해도. 사람들이 자신을 싫어할 거라 얘기해도, 다시 방송에 나가자고. 사람들 앞에 서자고. 이제야 어른스럽게.

2부 근절론

작가의 말

M 안녕하세요, 연웅입니다.

다들 어떻게 지내고 계신가요? 21쪽의 복선을 살펴보시면 알겠지만, 저는 〈류 퀴즈 온 더 블록〉의 MC로 활약 중입니다. 안전가옥과 함께 《근본 없는 월드 클래스》를 작업할 때만 해도 이런 일이 펼쳐질 줄 몰랐는데… 참 신기하다는 생각이 듭니다.

그때를 돌아보면, 1부 근본론 이후의 작업이 어려웠습니다. 이를 해결할 방법을 찾기 위해 저는 스스로의 과거를 뒤졌고, 그 결과 페이스북에 남겼던 글을 발견했습니다.

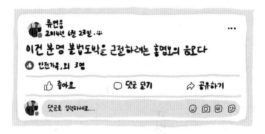

2014년 월드컵. 대한민국과 알제리의 월드컵 조별 예선 경기. 다들 우리나라가 승리할 거라고 생각했지만… 전반전에만 세 골을 먹었던 그 경기를 보고… 저는 참담한 기분이 들었습니다. 그래서 위와 같은 음모론을 제기했습니다.

그리고 그 음모론은 시간이 지나 《근본 없는 월드

클래스》에 담겼습니다. 저 음모론은, 알제리전의 패배는, 이 작품을 위한 복선이 된 셈입니다. 아다리를 맞출 수 있도록 도와주신 테오에게 진심으로 감사한 마음입니다. 덕분에 〈류 퀴즈 온 더 블록〉도 진행하게 됐으니까요.

자, 그래서 오늘은… 한국 축구의 기대주, 케빈 데브라이너도 울고 갈 신비주의 화신, 김덕배 선수를 모셨습니다. 안녕하세요. 김덕배 선수!

⊙ 네, 안녕하세요.

M 요즘 근황이 어떻게 되시죠? 듣기로는… 국가 대표 축구 선수로서 2042 월드컵 준비를 위해… 축구공 차는 법을 배우고 계신다고 들었습니다!

⊙ 아, 네. 물 흐르듯이… 살고 있습니다.

M 분위기 어색하니까, 바로 퀴즈부터 가겠습니다! 〈유 퀴즈 온 더 블록〉 보신 적 있으시죠? 그 프로그램과 진행 방식이 똑같습니다. 정답을 맞히면 100만 원의 상금이 나가고요, 틀리시더라도 소정의 상품이 주어집니다. 류 퀴즈?

⊙ 안 합니다.

M … 네?

⊙ 장난하십니까. 차라리 닭 다리 쿠션이 낫지…
100만 원은 너무한다고 봅니다만….

M 하긴… 제가 생각해도 이 시대에 100만 원은 너
무하지만… 제작비 때문에 어쩔 수 없이….

⊙ 내가 여기 오면서 쓴 버스비만 해도 30만 원입니
다만.

M 요즘 월세가 한 달에 2억씩 하지요?

⊙ 어제 1억 더 올랐더라구요.

M 제가 20대일 때는… 100만 원 때문에 친구들끼리
멱살 잡고 그랬는데…. 세월이 흘렀다는 게 실감
나네요. 역시 아무도 시간은 못 이기는군…. 공정
한 인생…. 오, 내 청춘!

작가의 말

복선 회수 목록

1) 14쪽에서 한채연이 조원들에게 협박을 당하는 데 활용됨

2) 저 시대에 축구는 5대 사회악 중 하나였음

3) 144쪽에서 김기립 교수를 상대로 정의 구현하는 데 활용됨

5) 작가의 말에서 활용됨

6) 너무 단단한 나머지 채연 어머니의 머리에 맞고도 찌그러지지 않음

7) 아버지가 비트코인으로 돈을 많이 벌어서 진짜로 낼 수 있었음

8) 43쪽에서 감 감독과 공 회장이 몸소 증명함

9) 77쪽에서 김덕화가 설명함

10) 84쪽에서 김덕화가 설명함

11) 77쪽에서 김덕화가 설명함

13) 159쪽에서 한채연이 설명함

복선 회수 목록

프로듀서의 말

《근본 없는 월드 클래스》 원고가 잘 마무리되고, 그 다음으로 '프로듀서의 말'을 쓸 당시 저의 첫 계획은 아주 거창했습니다.

이 시대의 근본이란 대체 무엇이고, 한 인터넷 게시판에서 시작된 '근본론'이 대체 어떻게 밈이 되었으며 그 밈은 어디까지 영향력을 발휘했는지, 더불어 근본론에 포함된 여러 속성은 무엇이고 어쩌면 근본론은 일종의 결정론에 불과한 것은 아닌지 자문자답을 해 보다가, 특히 축구를 넘어서 다른 스포츠에까지 영향을 끼치는 부분에 대한 현황 분석 및 이를 픽션과 결합했을 때 발생할 기대 효과를 바탕에 깔고 마지막으로 이 모든 걸 제대로 표현해 주고 있는 류연웅 작가님과의 작품 개발 과정에 대해서 길게 길게 길게…

죄송합니다. 정말 재미없는 말을 길게도 했네요.

사실 《못 배운 세계》 이후 류연웅 작가님과 연달아 작업하게 되면서, 이번에 만들어질 이야기는 웃기지만 한편으로 씁쓸하고, 슬프지만 그럼에도 읽는 이들에게 위로가 되는 이야기가 되길 바랐습니다.

물론 그 과정이 당연히 호락호락하지 않았지요. 작가님께서 처음 말씀해 주셨던 기획안에서 현재의 《근본 없는 월드 클래스》가 되기까지 많은 인물이 사라졌고, 대사들이 삭제되었으며, 설정도 아주 여러 차례 뒤바뀌었고, 절반 이상 쓴 원고가 새로 쓰이는 등 매우 험난한 과정을 거쳐야 했습니다.

프로듀서의 말

언제나 변함없이 작품을 발전시켜 간 연웅 작가님께 이 자리를 빌려 감사하다는 말씀을 전하며 동시에 결국 소설에서 사라진 황소찬, 권도간, 손노텔리, 김덕선과 오담률 그리고 범균이에게 심심한 위로의 말을 전합니다. 다만 아마도 앞으로 쓰게 될 류연웅 작가님의 다른 작품 속에서 언제든지 등장할 인물들이라 예상해 봅니다.

마지막으로, 이 작품의 주인공은 채연이지만 김덕배가 가장 고생이 많았습니다. 아시는 분은 아실 영국 프리미어 리그 맨체스터 시티 소속 리빙 레전드 선수 Kevin De Bruyne를 부르는 한국식 이름이자 애칭, 본명의 머리글자 KDB로 만든 그 이름, 김덕배. 유명 선수와 대비되는 이 가상의 인물이 비유하고 상징하는 현실의 김덕배들이 부디 원하는 만큼의 근본으로 충만해지기를 기원합니다.

감사합니다.

안전가옥 스토리 PD
윤성훈 드림

근본 없는 월드 클래스

지은이	류연웅
펴낸이	김홍익
펴낸곳	안전가옥

기획	안전가옥
프로듀서	윤성훈 · 정지원
	박혜신 · 반소현 · 이은진 · 이지향 · 임미나
편집	이혜정
디자인	금종각 Golden Bell Temple Graphics
사업개발	김보경 · 이기훈
경영지원	홍연화

출판등록	제2018-000005호
주소	04779 서울특별시 성동구 뚝섬로1나길 5,
	헤이그라운드 성수 시작점 203호
대표전화	(02) 461-0601
전자우편	marketing@safehouse.kr
홈페이지	safehouse.kr
ISBN	979-11-91193-21-3
초판 1쇄	2021년 9월 28일 발행